ぶらりあるき
ソウルの博物館

Soul Museum

中村 浩
Hiroshi Nakamura
木下 亘
Wataru Kinoshita

芙蓉書房出版

ソウル水道博物館

国立ハングル博物館

警察博物館

コメ博物館

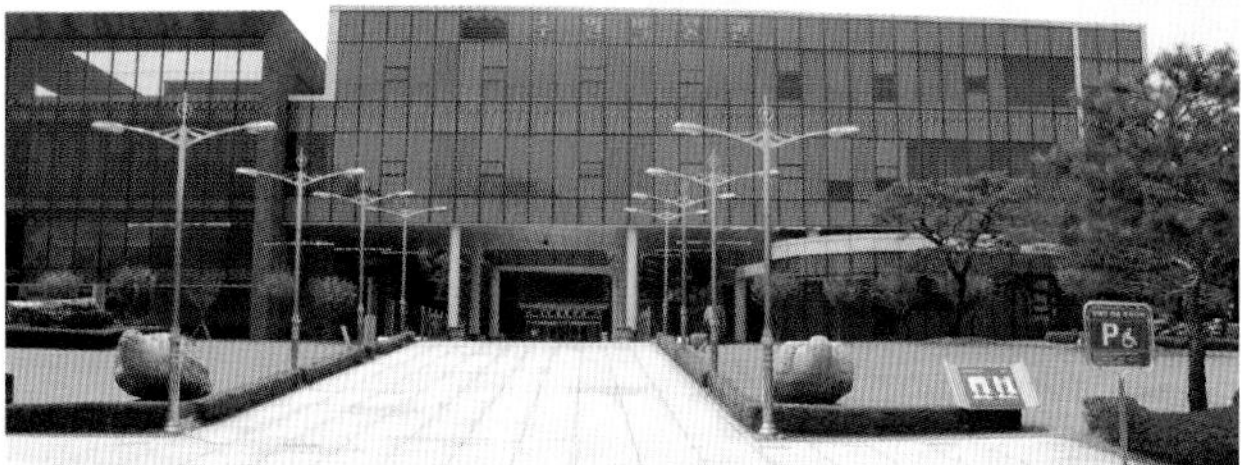

水原博物館

建国大学校博物館

景福宮前の国王即位式のジオラマ
（ロッテワールド民俗博物館）

食料品店のジオラマ（農業博物館）

玉座のジオラマ
（国立中央博物館）

城壁の石材に刻まれた文字の拓本
（漢陽都城博物館）

時計などの資料展示（韓国近現代史博物館）

野外展示（ソウル歴史博物館）

機械類の展示
（水と環境博物館

1960年代の韓薬屋（ソウル薬令市・韓医薬博物館）

ロビーに展示されている太
（戦争記念館

螺鈿細工の豪華なタンス
（北村生活史博物館）

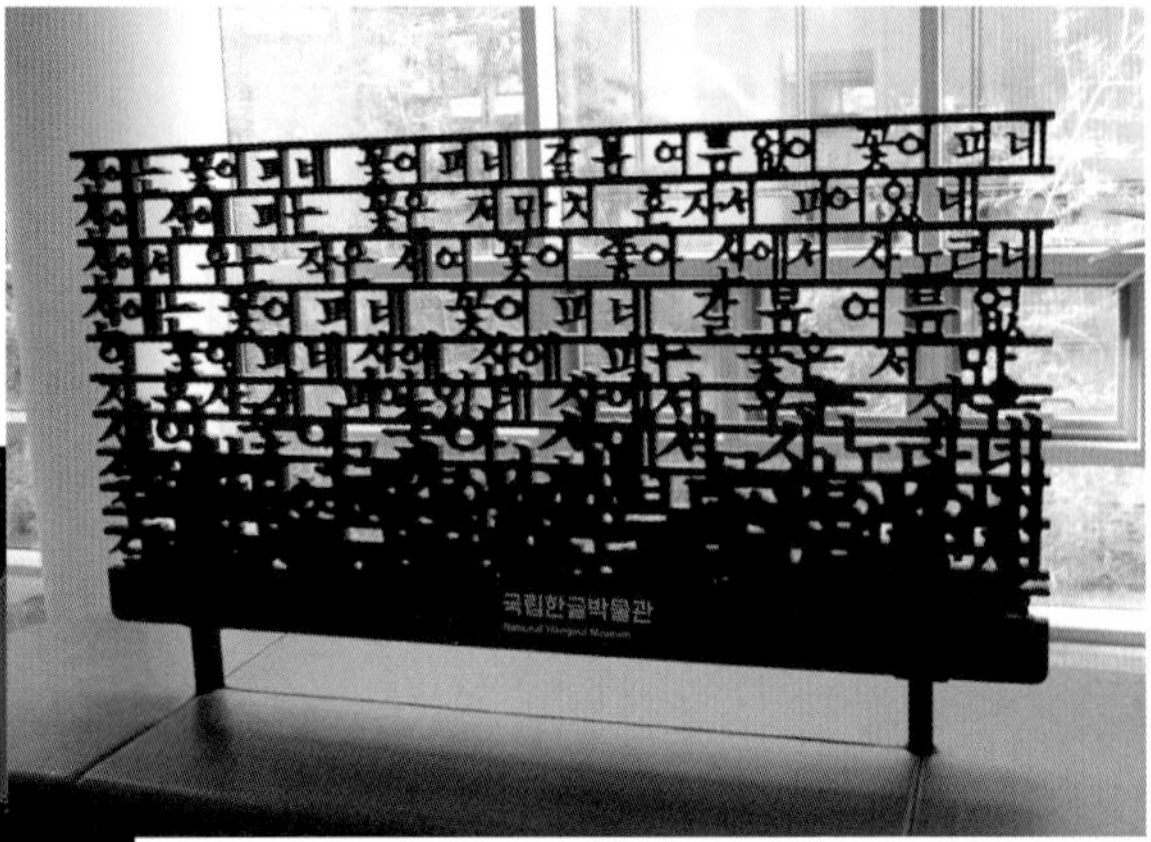

ハングルの活字（国立ハングル博物館）

リリン・モンローが人を食べる？
ァライブ・ミュージアム）

円丘壇のジオラマ
（ソウル歴史博物館）

シフィック型蒸気機関車（鉄道博物館）

さまざまなミミズクの置物（ミミズク博物館）

収容房（西大門刑務所歴史館）

まえがき

韓国の首都ソウルは、政治・文化・経済の中枢機関が集中する大都市です。

ソウルの歴史は、古く先史時代にまでさかのぼります。やがて三韓時代を経て三国時代には百済の首都が漢山に置かれ、さらに高麗時代には京畿道開城に都が定められましたが、李成桂によって一三九一年に朝鮮王朝が開国してこの地は漢陽となり、以後約五〇〇年の間隆盛を極めました。

ソウルは、さまざまな分野の博物館や関連施設が充実していることでも知られています。歴史、考古の分野では、国立中央博物館、漢城百済博物館、夢村歴史館、ソウル歴史博物館、大韓民国歴史博物館、京畿道博物館、水原博物館などがあります。民俗分野では、国立民俗博物館、韓国民俗村、ロッテワールド民俗博物館などのほか、キムチ博物館、お餅博物館、北村生活史博物館、草田繊維キルト博物館などユニークで面白い博物館もあります。

また、朝鮮王朝開国から四年目の一三九五年に建てられた第一の正宮である景福宮（「天から授かった大きい福」という意味の宮殿）をはじめとする宮殿遺構があります。また東大門や南大門などの都城の遺跡・遺構も多く遺されています。これらも広い意味での遺跡博物館として取り上げました。これらの宮殿は一五九二年の壬辰倭乱（文禄の役）によって壊滅状態になっていましたが、現在では見事に復元され、朝鮮王朝歴代の建築、庭園遺構も見ることができます。またソウル郊外の水原の水原行宮など世界遺産に登録されている所も多くみられます。

首都ソウルには政治・経済・教育の諸機関が集中しているので、関連の博物館施設も多くみられます。

大統領府関係の青瓦台サランチェや警察博物館、銀行・金融関連の博物館、水道博物館、戦争記念館、刑務所歴史館、韓医薬博物館、農業博物館、米博物館、教育博物館、鉄道博物館など多種多様です。

美術・工芸分野では、国立現代美術館、東大門デザインプラザ・デザイン博物館、韓国書道博物館、水原市美術展示館ほか多くの美術関連の博物館があります。

自然科学分野では、西大門自然史博物館、コエックス・アクアリウム、ロッテワールド・アクアリウム、昌慶宮植物園、ナビ蝶園などがあります。趣味・趣向に関するものでは、ミミズク博物館やアライブ・ミュージアム、切手博物館などがあります。

韓国ではかつて大学設置に関する法令で、総合大学には博物館の設置が義務づけられていました。そのため多くの大学校に博物館があります。大学の歴史や独特のコレクションなど見どころも多いようです。いずれも一般公開されているので、旅行者でも見学が可能です。

本書は、ソウル及び京畿道の博物館を対象にしていますが、公州、扶余など百済地域にある代表的な博物館もいくつか取り上げました。高速道路の整備によりソウルから数時間で行けるようになりました。

博物館には日常の暮らしと非日常の暮らしのお国柄がよく現れています。普段の生活では見えない新たな発見がきっとあると思います。

古代以来交流が頻繁だった韓国には空路でわずか一時間余りで行くことができます。国内旅行と同じ感覚でとまでは言いませんが、少し足をのばしてみませんか。

中村　浩

令和四年十二月吉日

ぶらりあるきソウルの博物館　目次

大学博物館　213

百済（公州・扶余）の博物館　227

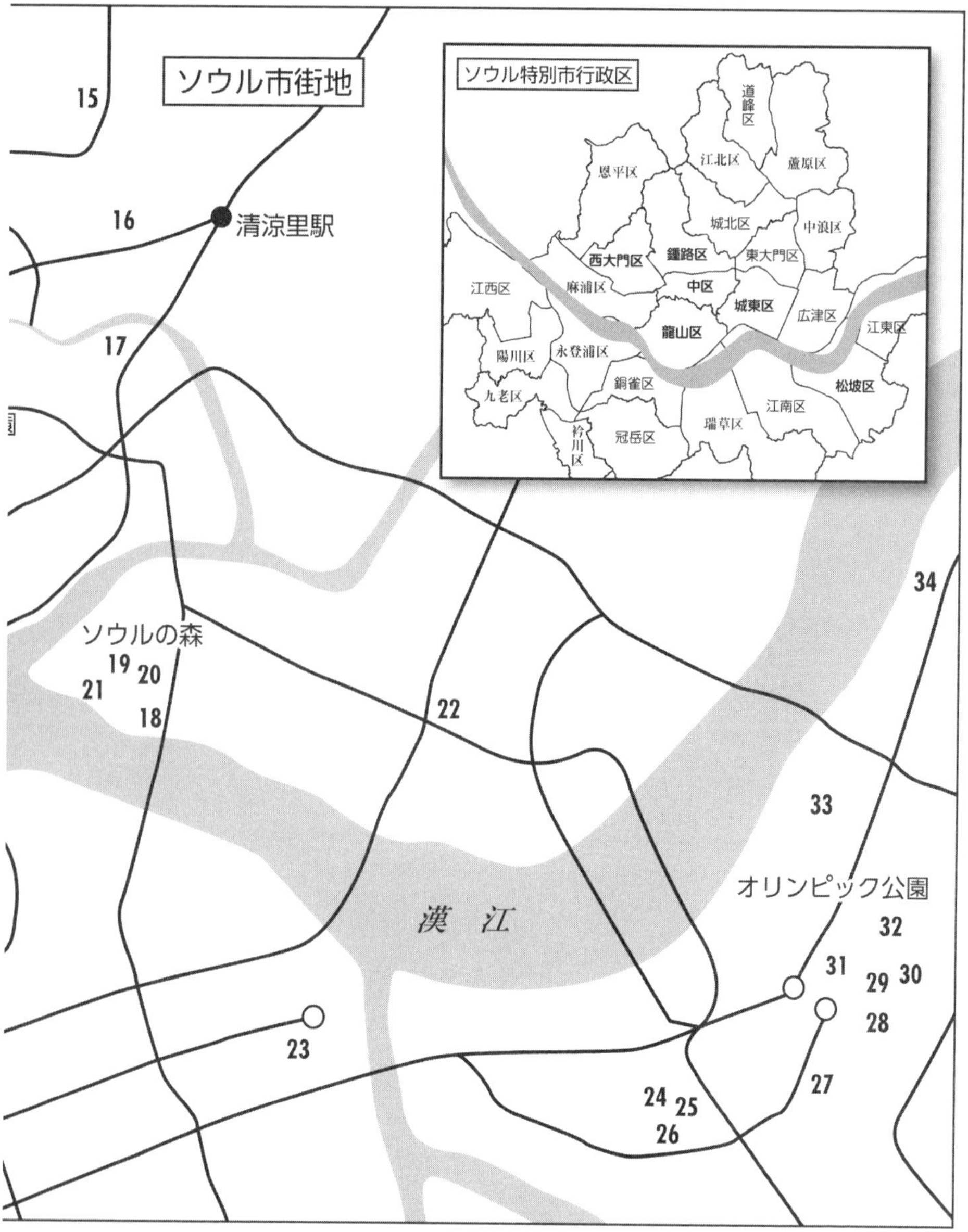

20 昆虫植物園（昆虫園）
21 ホーネー・ビー・ガーデン（蜜蜂庭園）
22 建国大学校博物館
23 コエックス・アクアリウム
24 ロッテワールド・アクアリウム
25 ロッテワールド民俗博物館
26 石村洞百済初期積石塚
27 芳荑洞百済古墳群
28 漢城百済博物館
29 夢村土城
30 百済住居址展示館
31 ソウルオリンピック記念館
32 夢村歴史館
33 風納土城
34 岩寺洞遺跡
35 崇実大学校博物館
36 柳琴瓦当博物館

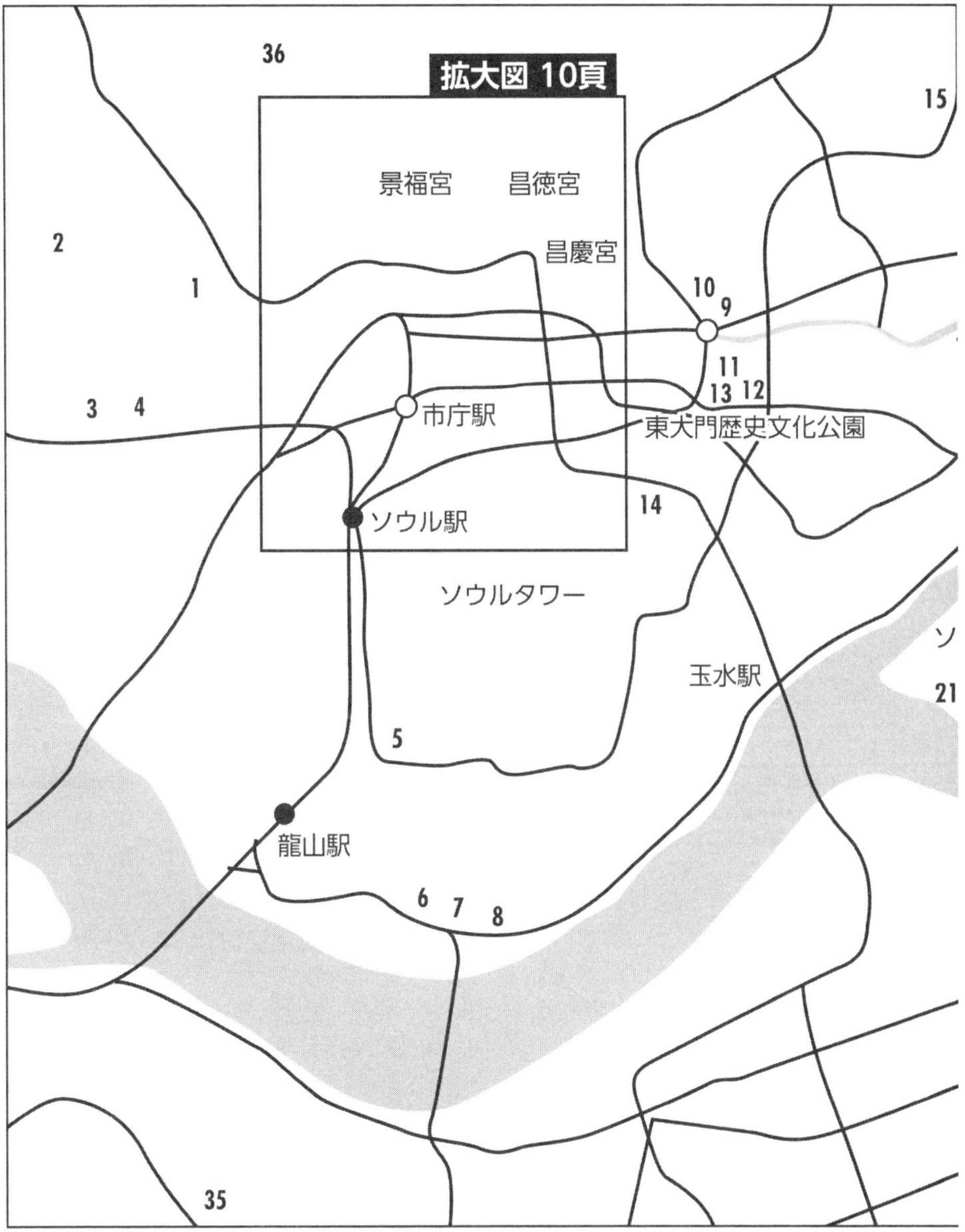

1 西大門刑務所歴史館
2 西大門自然史博物館
3 延世大学校博物館
4 梨花女子大学校博物館
5 戦争記念館
6 国立中央博物館
7 国立中央博物館こども博物館
8 国立ハングル博物館
9 漢陽都城博物館
10 東大門
11 東大門歴史文化公園遺構展示場
12 東大門歴史館
13 東大門デザインプラザデザイン博物館
14 東国大学校博物館
15 高麗大学校博物館
16 ソウル薬令市韓医薬博物館
17 清渓川博物館
18 水道博物館
19 ナビ蝶園

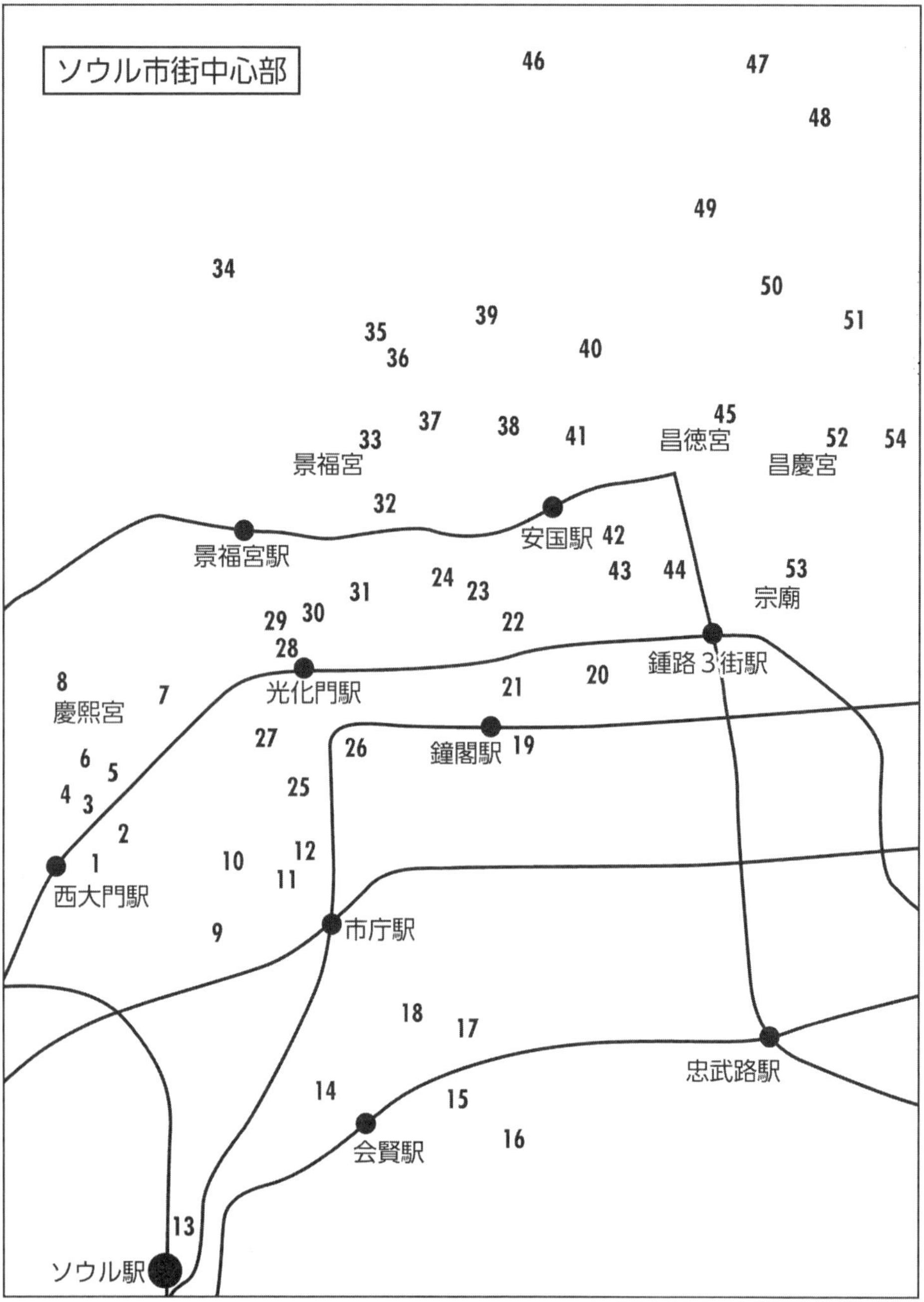
ソウル市街中心部
46
47
48
49
34
50
39
51
35
36
40
45
37
38
41
33
昌徳宮
52
54
景福宮
昌慶宮
32
安国駅
42
景福宮駅
43
44
53
31
24
23
宗廟
29
30
22
28
鍾路３街駅
8
20
7
光化門駅
21
慶熙宮
27
26
鐘閣駅
19
6
5
25
4
3
2
12
1
10
11
西大門駅
市庁駅
9
18
17
忠武路駅
14
15
会賢駅
16
13
ソウル駅

農業博物館

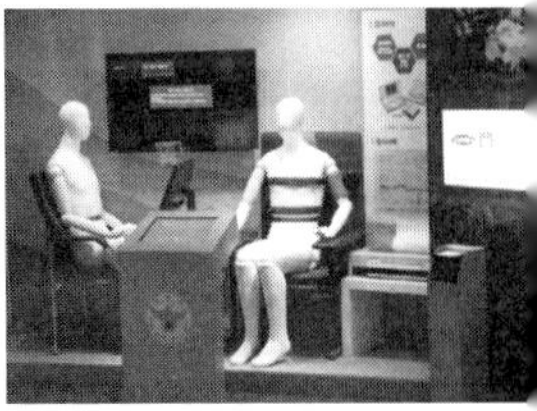

警察博物館

韓国銀行貨幣博物館

1 米博物館
2 農業博物館
3 敦義門(西大門)址
4 京橋荘
5 警察博物館
6 敦義門博物館
7 ソウル歴史博物館
8 慶熙宮
9 培材学堂歴史博物館
10 国立現代美術館徳寿宮館
11 徳壽宮
12 石造殿 大韓帝国歴史館
13 ソウル旧駅舎
14 南大門
15 ウリ銀行銀行史博物館
16 草田繊維キルト博物館
17 切手博物館
18 韓国銀行貨幣博物館
19 普信閣
20 アライブ・ミュージアム 仁寺洞本店
21 公平都市遺跡展示館
22 キムチ博物館
23 郵征総局
24 仏教中央博物館
25 韓国金融史博物館
26 新聞博物館
27 一民美術館
28 忠武公(李舜臣)物語展示館
29 世宗物語展示館
30 世宗美術館
31 大韓民国歴史博物館
32 国立古宮博物館
33 景福宮
34 青瓦台サランチェ
35 国立民俗博物館
36 国立こども博物館
37 国立現代美術館ソウル館
38 ソウル教育博物館
39 北村生活史博物館
40 東琳メドゥプ博物館
41 北村文化センター
42 雲峴宮
43 雲峴宮遺物展示館
44 お餅博物館
45 昌徳宮
46 ミミズク博物館
47 成均館大学校博物館
48 文 廟
49 後苑(秘苑)
50 昌慶宮植物園温室
51 国立こども科学館
52 昌慶宮
53 宗 廟
54 ソウル大学校医学博物館

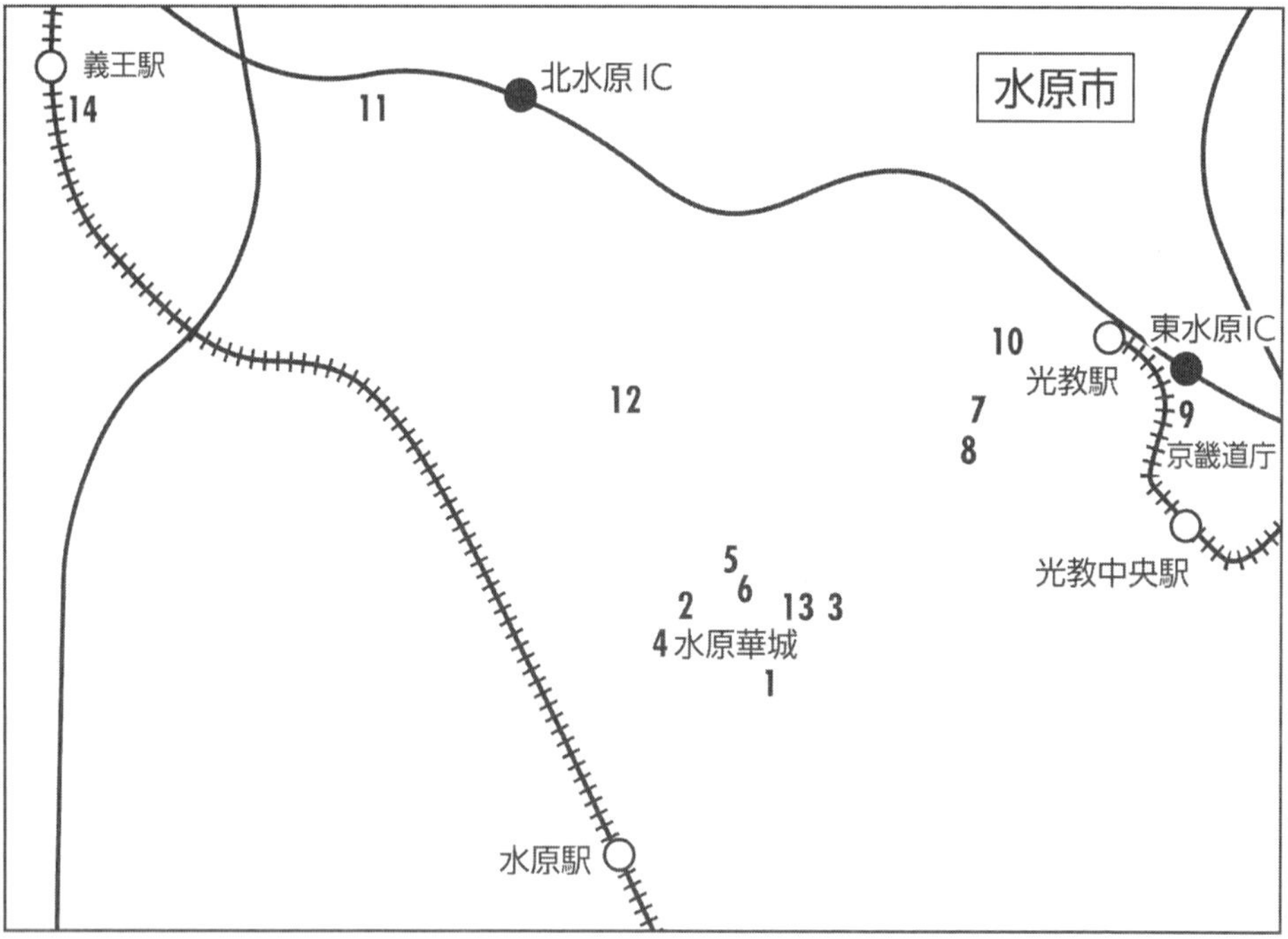

1 華城行宮
2 水原華城
3 水原華城博物館
4 水原華城広報館
5 水原伝統文化館
6 韓屋技術展示館
7 水原博物館
8 韓国書道博物館
9 水原光教博物館
10 京畿大学校博物館
11 トイレ博物館「解憂斎」
12 水原市美術展示館
13 アイパーク水原市博物館
14 韓国鉄道博物館

鉄道博物館

水原華城

水原華城博物館

宮殿・御廟に関する遺跡と博物館

宮殿は皇帝が政務を行う場所であり、居住空間でもありました。そこには様々な建物があります。韓国では主として朝鮮王朝の宮殿が数多く復元整備され、かつての姿をしのぶことができます。さらに宗廟など王室の廟所も宮殿の近くに造られています。これらの多くが世界遺産に登録され公開されています。

✿景福宮《キョンボックン》（ソウル特別市鍾路区世宗路1）

朝鮮王朝開国から四年目の一三九五年に建てられた第一の正宮です。ソウルに残る古宮の中で最も大きいものです。「天から授かった大きい福」という意味で景福宮と名付けられました。北の北岳山を主山に、木覓山（現在の南山）を内山にし、風水的にも首都漢陽（ソウルの李氏朝鮮以前の呼称）の真ん中に位置しています。

正門の光化門の南に官庁街の六曹通り（現在の世宗路）が造営され、その延長線に勤政殿、思政殿、康寧殿など主要殿閣を一列に並べ、王朝国家である朝鮮を象徴する軸としています。

一五九二年の壬辰倭乱（文禄の役）の時に全焼して第二宮の昌徳宮が正宮となりましたが、景福宮は復元されずに二七〇年以上廃墟のまま放置されていました。その後一八六七年に興宣大院君が王権強化を目的に再建しました。

再建された景福宮は、古代中国の礼法を朝鮮王室の伝統や現実と調和させ、約七〇万㎡の広い敷地に、政務を行う空間、王族の生活空間など、約五〇〇棟の建物が立ち並び、また随所に庭を配した、まるで一つの小さな都市のようだったそうです。

日本が統治した時代には多数の建物が撤去され、中心部の建物だけが残りました。光化門をはじめ外殿の一部は取り払われ、一九二六年、かつての王宮をふさぐような位置に朝鮮総督府庁舎が建てられました。戦後、一九八六年からは国立中央博物館として利用されていましたが、この建物は植民地支配の屈辱の歴史の象徴として解体か保存かで議論が起こり、一九九五年に総督府庁舎は解体されました。その後、もとからあった典礼門と外行閣、王と王妃の寝殿や王世子の居所の東宮、宮殿の聖門である光化門も復元され、かつての姿を取り戻しつつあります。

景福宮の敷地内には国立民俗博物館や国立古宮博物館がありま

光化門前で毎日行われている守門将交代式

光化門

勤政殿

勤政殿の玉座

す。また光化門前で毎日行われている守門将交代式は歴史絵巻のようで、なかなか見応えがあります。

光化門《クァンファムン》は、景福宮の正門として一三九五年に創建されました。当初は四正門《サジョンムン》という名称でしたが、一四二五年に「光化門」に変更され、一五九二年の壬辰倭乱（文禄の役）で景福宮とともに焼失しました。やがて一八六八年、景福宮再建の際にその姿を取り戻したものの、日本統治時代に朝鮮総督府庁舎建設のため景福宮東側に強制移転させられ、一九五〇年の朝鮮戦争で再び焼失しましたが、一九六八年に鉄筋コンクリートで復元され、総督府庁舎解体後、二〇一〇年に現在の場所に移されました。

勤政殿《クンジョンジョン》（国宝第二二三号）は、景福宮の正殿で「民を勤勉に治める」という意味をもっています。王の即位式や外交官の接待など国家の公式行事が開かれた場所です。景福宮の中でも最も雄大な建物で、中央には玉座があり、その後ろの屏風に描かれた「日月五峰図」は、現在流通している一万ウォン紙幣の絵柄になっています。

慈慶殿《チャギョンジョン》（国宝第八〇九号）は、高宗を即位させた神貞王后（二四代憲宗の生母）のために、高宗の実父、興宣大院君が建てた建物です。神貞王后は王室最高位の女性、大后であったため慈慶殿にはオンドルがたくさん設備されており、それらの煙突をひとつにまとめた集合煙突には無病長寿を祈る優美な装飾が施されています。またコッタムといわれる装飾壁も見どころのひとつです。

思政殿《サジョンジョン》は、勤政殿のすぐ裏側にある思政殿は王が日常的な業務を処理していた執務室です。王を象徴する龍が描かれた壁画は一見の価値があります。

康寧殿《カンニョンジョン》は王が読書や休憩をする空間、**交泰殿**《キョテジョン》は王妃の生活空間でした。交泰殿の裏側には**峨眉山**《アミサン》と呼ばれる階段式の庭園が造られています。鳳凰や松竹梅などの文様が施された四本の煙突や石鉢があり、神仙の自然世界を表現しているとされています。

慶会楼《キョンフェル》（国宝第二二四号）は、床面積九三三㎡（二九二坪）もある景福宮では最大級の建物で、韓国内で

思政殿

康寧殿

修政殿

慶会楼

現存する最大の木造建築です。慶会楼は王室の大きな宴会を催したり、外国の使節をもてなした場所で、一八六七年に再建されました。招かれた客たちは高い二階の楼に上り、西の仁王山や東の宮中の美しい景観を鑑賞し、周りの広い池では舟遊びを楽しむこともできました。二階の床は三層造りで、中央の三間は「天地人」を、その周りの一二間は「一年十二カ月」を、外側の柱は「二四節気」を象徴するなど、東洋的な宇宙観を表した建物となっています。一八六七年再建当時、慶会楼の池に青銅製の二頭の龍を入れたという記録が残っていましたが、一九九七年の浚渫工事の際にこれが実際に発見されています。

修政殿《スジョンジョン》は、一八六七年の再建の際に現在の名称になりましたが、ハングル文字が初めて創られた世宗大王の時代は集賢殿と呼ばれ、学問研究の場であり、ハングルの成り立ちや原理の解説書である「訓民正音」もここで作られたといわれています。

✽昌徳宮《チャンドックン》 （ソウル特別市鍾路区栗谷路99）（臥龍洞）

北岳山の峰の一つである鷹峰の裾にある昌徳宮は、一四〇五年に景福宮の東側に建てられました。正宮としての景福宮に対し離宮として創建されたものです。

一五九二年の壬辰倭乱（文禄の役）によって全ての建築物が焼失しましたが、一六二三年には昌徳宮は再建され、一八六七年に景福宮が再建されるまでの間、朝鮮王朝の正宮としての役割を果たしました。

現在、保存、整備されている昌徳宮は、建物群と自然や景観が見事に調和しており、韓国宮殿建築の中でも非定型的な造形美を代表するものと言われています。大韓帝国最後の皇太子李垠に日本の梨本宮家から嫁いだ方子がこの宮殿で暮らしていたこともよく知られています。

現存する朝鮮の宮殿建築の中でも、創建当初の姿をよく伝えている点が高く評価され、一九九七年にユネスコ世界遺産（文化遺産）に登録されました。

昌徳宮の正門である**敦化門**《トンファムン》はソウルの宮殿に現存する最古の正門です。一四一二年に建てられました。創建の翌年には太宗の高徳を刻んだ一万五〇〇〇斤の銅鐘がかけられました。その後失われ、一六〇九年に再建されました。この門はソウルに残っている木造の二層門としては最古のものです。朝鮮時代には二階に時を知らせる鐘と太鼓があったとされますが、現在は残っていません。門を入り右側にある錦川橋は一四一一年に造られました、

仁政門をくぐると目の前に見えるのが、昌徳宮の正殿である**仁政殿**《インジョンジョン》です。王の即位式、臣下の朝礼式、外国使節の接見など重要行事がここで行われました。行事の際は、宮殿前の広場に臣下が位階に応じて整列しました。

朝鮮末期の建築様式の建物は、高い天井の一層構造で、他の古宮と同様、中心に御座（王の座席）を置き「日月五峰図」が飾られています。また一九〇〇年代に導入されたシャンデリアなどの近代的な設備も見られます。

宣政殿《ソンジョンジョン》は、現在韓国に残っている唯一の青い瓦の宮殿です。一八〇四年に竣工したこの建物は、王が日常的な政務を行った「便殿」です。学者・官僚の勉強や儒者の試験、宴が開催されたこともあったそうです。瓦の屋根の端に見える小さな石像は宮を守る守護神で、西遊記の登場人物が並んでいます。先頭から和尚、孫悟空、猪八戒……と続いています。

大造殿《テジョジョン》は、王と王妃の寝殿であり、王の家族が生活していた中宮殿でもあります。一九一七年に焼失したため景福宮の建物が移築されました。王

敦化門

仁政殿

仁政殿の玉座

大造殿

が臣下と国政を議論する場として使われたこの建物は屋根に棟瓦がありません。韓国ではこの瓦を「龍棟」と呼びますが、国王は龍に例えられたので、国王の寝殿である大造殿にはこの瓦を省いたということです。

王と王妃の生活空間は一部西洋式に改造されています。王の寝殿と執務の場であった熙政堂は幾度も火災に遭い、現在見られるのは一九二〇年のものです。

大造殿裏の景薫閣では古いオンドルの構造を見学できます。大造殿は朝鮮が日本統治下に置かれることが決まった御前会議が開かれた場所であり、最後の王である純宗が一九二六年に崩御した場所です。

現在の後苑に続く広い道に重熙堂という大きな建物があり、この一帯が王世子（皇太子）の居所である東宮でした。二〇代国王純祖の長男孝明世子が国王に代わって政務を取り仕切っていたとき住んでいたところです。東宮にはたくさんの建物があり、中でも六角形の楼閣である三三窩と隣接する七分序、承華楼は廊下で繋がれ、書庫や図書室として使われました。

誠正閣《ソンジョンカク》は王世子の勉強部屋で、日本統治時代には王室の病院である**内医院**《ネウイウォン》として使われました。単層作りの母屋に二層の付属建物が直角についた独特な形をしています。

誠正閣

✾後苑《フウォン》（秘苑《ピエン》）

朝鮮第三代王の一四〇五年、昌徳宮の創建時に宮殿の庭園として造られた後苑は秘苑とも呼ばれました。人々に広く親しまれているこの庭園では、王や王妃が余暇を楽しんだり、勉強をしたりしていました。一五九二年の壬辰倭乱（文禄の役）でその大半が焼失しましたが、一六二三年に改修増築されました。この庭園は、韓国伝統の造園技術によって自然をそのまま生かした造りになっています。

演慶堂《ヨンギョダン》は、朝鮮第二三代王孝明世子が一八二八年に当時の士大夫（朝鮮時代の上流階級）の家を真似て昌徳宮の中に造らせた一二〇軒の民家形式の建物です。男性が生活をする舎廊棟、母屋、本を保管していた善香斎など男女別の小部屋に分かれています。**舎廊棟**《サランチェ》は男性が生活する棟で、主人が昼間客を迎える舎廊房と夏の板の間、寝室などで構成されています。向かって左側の小さな門は、来客時、奥さんは中に入れないので、ここからちらりと履物の数を確認して、お茶などを人数分準備したそうです。母屋と舎廊棟に通じる中門の左右に並んだ行廊棟が**中門間行廊棟**《チュンムンガンヘンナンチェ》です。この演慶堂の中門間行廊棟は舎廊棟の出入口で、中門は両隣りの行廊棟より屋根が高くなっていて、母屋に通じる中門は行廊棟と同じ高さになっています。ここにも朝鮮時代の男尊女卑思想が表れています。

昔は結婚しても男と女が一つの部屋で寝てはいけないということで、男女別々に部屋が準備されていました。主人が生活するところが舎廊棟、そして女性が生活するところが**母屋**《アンチェ》になります。中は、妻の部屋である内房と大きな板の間、嫁の部屋である向房、台所などで構成されています。

もともとここには**芙蓉池**《プヨンジ》がありました。空は丸く、地は角張ってるという陰陽五変説に従って、四角い池を地に見立て、空を象徴する丸い島を造ったといわれています。池の水は地下水や雨が降る時には、西の渓谷の水が龍の頭の石像を通して流れて入って来たりもし、池ではコイやフナを育て、船を浮かべて釣りや船こぎを楽しんでいました。芙蓉池のほとりにある**芙蓉亭**《プヨンジョン》は、かつて科挙試験に合格したら、宙合桜へあがって数万巻の本を読み、能力を伸ばせる機会を与えられるといわれ、それをお祝いしていたところです。

宙合楼《チュハンヌ》は、国の将来を担う人材を育てるために学問を研究し、本を出版していた二階建ての楼閣建物です。下の階は宮中図書館の役割を果たし、上の階は読書や議論、瞑想と思索の場としても利用されました。ここはところどころ典型的な朝鮮時代の楼閣建築が施されていて、特に丸い柱と四角い柱をちょうどよく組み合わせた建築構造は、天と空の調和を成した理を象徴しているといわれています。

英花堂《ヨンファダン》は、王が家臣と一緒に花見をしたり、詩を詠んだりして風流を楽しむところでしたが、第二二代王正祖の時代からは科挙の試験場として使用されました。試験の時は王が試験監督をし、横の庭で受験者たちが科挙の試験を受けたといいます。

不老門《プルロムン》は、王の長寿を願って建てられたもので、今でもこの門をくぐった人は、長生きするといわれています。

芙蓉池から一〇〇ｍほど離れたところにある**愛蓮池**《エリヨンジ》は芙蓉池にも似た美しい蓮池です。池の端にある東屋「愛蓮亭」は一六九二年に建てられました。

尊徳亭《ソンドクジョン》エリアには尊徳亭、貶愚謝、観覧亭、勝在亭の四つの東屋が二つの池の周りに建てられ、特に秋の紅葉時には美しい景色が楽しめる場所です。尊徳亭は一六四四年に建てられたもので、屋根の軒が二重になっており、天井には清竜と黄竜が描かれ、その下には正祖が書いた文書が掛かっています。

遊歩道に沿って見られるイブキは樹齢約七五〇年と推定され、天然記念物第一九四号にに指定されています。老木であるだけでなく、幹がくねくねと曲がった珍しい姿をしています。さらに中央に見えるのは

英花堂

芙蓉堂

芙蓉池と宙合楼

樹齢750年のイブキ

愛蓮池と愛蓮亭

観覧亭

尊徳亭

演慶堂周辺

首をかしげている龍、その奥にはサルの形が見えるともいわれています。

✻昌慶宮《チャンギョングン》（ソウル特別市鍾路区昌慶宮路185）

朝鮮時代の宮殿で、南側には宗廟、西側には昌徳宮が隣接しており、豊かな自然の中に古宮ならではの落ち着いた雰囲気が醸し出されています。

一四一八年、朝鮮王朝第四代王世宗が父である太宗の退位後の生活を送る場所として建設した寿康宮に始まり、一四八四年には、第九代王成宗が祖母・生母・養母の三人が生活する別宮として再建し、昌慶宮という名前になりました。一五九二年の壬辰倭乱（文禄の役）の際に建物の大半が焼失してしまいます。

日本統治時代の一九〇九年、宮内の門や塀が壊され、動物園や植物園などが造られました。一九一一年には博物館も建てられ「昌慶苑」に改名されました。太平洋戦争や朝鮮戦争の頃は苑内の荒廃が進みましたが、一九八三年から動物園などを移転し、昌慶宮の復元・整備が行われ、名称も元に戻されました。

宮域内には、正門である弘化門、玉川橋、明政門、王の執務室である文政殿、涵仁亭、景春殿、歓慶殿、通明殿、養和堂、昌慶宮植物園温室など多くの建物がありますが、中でも国宝に指定されている明政殿は注目される建物です。

明政殿《ミョンジョンジョン》（国宝第二二六号）は一四八三年、昌慶宮の正殿として創建され、即位式や朝賀など重要儀式の場として使われてきました。壬辰倭乱（文禄の役）の際に焼失しましたが、一六一六年には再建されています。王宮内の建物がほとんど南向きに建てられているのに対し、明政殿だけは東向きに作られているの

昌慶宮正門

が特徴です。

昌慶宮を見下ろす場所に建てられている石碑は**成宗胎室碑**です。朝鮮王宮では王孫が生まれると、その胎を洗浄し白磁の壺に入れて地勢の良いところに胎室を造りました。成宗の胎室は王宮内に設置できなかったため、京畿道広州市に置かれました。やがて日本統治時代にこの場所に移されました。成宗は、朝鮮王朝第九代王で一四六九年、十三歳で王位に就き、『経国大典』の発布をはじめ文物を奨励し、昌慶宮を創建しました。

成宗胎室碑とほぼ同じ場所に建てられている**風旗台**（宝物第八四五号）は、一七三二年に造られたとされています。本体の上部の孔に旗竿を立てて風向きと速度を測る気象観測具です。

明政殿

成宗胎室碑

風旗台

✤宗廟《チョンミョ》（ソウル特別市鍾路区鍾路157）（薫井洞）

宗廟（史跡第一二五号）は、朝鮮王朝歴代君主や王妃、功臣の位牌（神位）を祀り、その祭祀を執り行う王室の霊廟です。朝鮮時代の建造物の中でも均整が取れ、かつ最も整然とした建物群です。

一三九四年、朝鮮王朝が漢陽（現在のソウル）に遷都した際、景福宮と共に着工し、一三九五年には景福宮より先に完成しています。宮廷の左側に宗廟を、右側の西に社稷壇を置くべきであるという古代中国の都城計画の原則にもとづいて景福宮の左側であるここに建立しました。

その後王朝が続いて奉安しなければならない神主が増えるにつれ、数回にわたって建物の増築が行われ、今の姿になりました。王や王妃が崩御すると、宮廷で三年の喪を行った後、その神主を宗廟に移して祀ります。

正殿には功徳に優れた王様の神主を永久に祭り、永寧殿には太祖の四代祖など、没後、王に追導された神主を正殿から移して祀ります。現在、正殿の神室一九間には太祖をはじめ王都王妃の神主が合わせて四九位、永寧殿の神室には三四位が安置されています。王位を追われた燕山君と光海君の神主は祀られませんでした。

宗廟大祭《チョンミョデジェ》は国の最も大きい祭祀として、正殿で一年に五回、永寧殿では一年に二回行われ、王自ら主管しました。現在の宗廟大祭は毎年五月の第一日曜日と十一月の第一土曜日に行われています。大祭のほか、国の重要なことを知らせ祈願する儀式も行います。宗廟のすべての建物は装飾と技巧を排除して神聖な権威を読みとることができます。

宗廟入口の門

宗廟内の文化財として、正殿（国宝第二三七号）、永寧殿（宝物第八二一号）等があり、無形文化財指定されているものに宗廟祭礼楽（重要無形文化財第一号）、宗廟祭礼（重要無形文化財第五六号）などがあります。

中国やベトナムとは異なり、韓国の宗廟は、祭礼と祭礼楽の本来の姿をそのまま保存、継承している唯一の場所であり、一九九五年ユネスコの世界文化遺産に、宗廟祭礼と宗廟祭礼楽は二〇〇一年に「人類の口承及び無形遺産に関する傑作」として登録されました。

宗廟の正門である**蒼葉門**《チャンヨッムン》は、四廟（高祖の父母、曾祖父母、祖父母、父母四代の位牌を安置した祀堂）を代表する門らしく、宮殿の正門とは違って構造がとてもシンプルで品があるのが特徴です。例えば景福宮の正門である光化門は五色使用、階数も二階までと二層と華麗で勇壮なのに比べ、蒼葉門は赤と緑の二色だけを使用し階数も一階だけと控えめです。

もともと蒼葉門は中央の階段で上り下りできるようになっていたのが、日本の植民地時代に道路をつくる際に道路面が高くなり地面に埋まってしまいました。現在は長台石（長方形の石材）の基壇のみが残っています。正門の左右は宗廟の外郭を囲む塀とつながり、正門の外には「ここに来れば身分の上下に関わらず全員馬から降りろ」という言葉が込められている下馬碑（石碑）と、御井（井戸）（ソウル特別市有形文化財第五六号）があります。

外大門をくぐると道が広がり、中央・左・右のそれぞれに薄石が敷かれています。左右に比べ若干高くなっている中央の道は「**神路**《シンロ》」（神のための道）、

蒼葉門

三　道

右（東）側は「**御路**《オロ》」（王が通る道）、左（西）側は「**世子路**《セジャロ》」（皇太子が通る道）といいます。「**三道**《サムド》」は正殿の神門へと通じており、祭祀の際に利用されます。王と皇太子が利用した御路と世子路は、祭祀の準備を行う場所である斎宮へ続いています。

望廟楼《マンミョル》は、祭祀を行うときに王が休息をとる場所です。望廟楼という名前は「宗廟の正殿を眺めながら先代の王の業績と宗廟社稷（王朝時代に王室と国をあわせていう言葉）を考える」という意味からつけられました。望廟楼の特徴は、建物の西側一間が高床の板の間になっていることと、宗廟の建築物のなかで唯一「八作屋根（軒の四隅が上に持ち上がっている韓国式の屋根）」形態となっているところです。

中池塘《チュンジダン》は望廟楼の横にある池で、一四四三年に造られたものです。四角形の池の真ん中には丸い島があります。これは「天圓地方（天は丸く地は四角である）思想」と「陰陽思想」に深く関わりがあり、四角形の池は地を象徴すると同時に「陰」を意味し、丸い島は天を象徴すると同時に「陽」を象徴しています。また、ほとんどの宮殿の池には松の木が植えられていますが、ここにはイブキが植えられていることと、中央の島に東屋《あずまや》がないのが特徴です。また中池塘に蓮の花がなく、周辺にも花の咲く木が植えられていないのは祭礼空間ということからだそうです。

中池塘

恭愍王神堂《コンミンワンシンダン》は、高麗王朝第三一代王である恭愍王のために宗廟創建時に建立され、正式名称は「高麗恭愍王影幀奉安之堂」といいます。朝鮮王朝の位牌を祀った場所に高麗の恭愍王を一緒に祀ったのは特別なことで、その由来は宗廟を建立するときに北側からつむじ風が吹き恭愍王の影像（肖像が書かれた掛け軸）が廟庭に落ち、王と臣下が論議の末、その影像を奉安するためにこの神堂を建てたのがはじまりです。

神堂内部には恭愍王と王妃の魯国大長公主を一緒に描いた影像と駿馬図がそれぞれ奉安されています。壬辰倭乱（文禄の役）のときに焼失したものが一六〇八年に再建され、祭祀は春と秋に行われたそうです。

正殿《チョンジョン》は、宗廟の中心をなす建物で、永寧殿が建てられてからは太廟と呼ばれました。現在正殿には西側を最も上とし、最も西側に安置された太祖をはじめ、道徳に適った政治を行ったとされる一九人の王とその王妃の位牌、計四九位が安置されています。位牌が新たに安置されるたびに増築が重ねられ、建物とした は最長の一〇一mもの長さになりました。前面に長く整えた石を積み上げて作った広い月台（東西一〇九m、南北六九m）を置き、祀廟建築としての品位と荘重さを表わしています。

位牌が安置された各部屋の扉「板門」は、祭礼儀式の時以外は堅く閉じられていますが、表面をよく見ると所々に隙間があります。これは魂が自由に出入りするためであり、内部の湿度を調節するためでもあります。

功臣堂《コンシンダン》（宝物第八二二号）は、正殿の廟庭下月台の南側右下に位置する建物で、朝鮮王朝の歴代功臣の位牌を祀った場所です。創建時に三間にすぎなかったものが九間に増え、現在は一六間もある長い建物になりました。ここに王の神室もありますが、その格式は多少低くなっていて、位牌を祀っている他の建物と同じく四面ある壁のうち三面がレンガでふさがれています。功臣堂には李朝太祖から二七代目純宗皇帝まで正殿に祀った歴代王の功臣の位牌八三位を祀っています。

永寧殿《ヨンニョンジョン》（宝物第八二一号）は、正殿にずっと祀られていなかった王と王妃の位牌を移して祭祀を行った別廟です。一四二一年、世宗が李朝第二代王定宗の位牌を宗廟に奉納するときに正殿の空間が不足していたため、別途建立されました。

正殿

永寧殿の「永寧」とは祖宗（国王の先祖）と子孫の道が共に平安であるようにという意味が込められています。

永寧殿の建物と廟庭は正殿よりも小さく、二つの建物の位の違いを表わしています。また永寧殿は、太祖の四代祖を祀った四間を左右の夾室（横に付属した小部屋）六間よりも高くし、階級を区別しています。左右の夾室六間には定宗（二代）、文宗（五代）、端宗（六代）など正殿に祀られなかった王と王妃、そしてのちに称号を贈られた王と王妃のあわせて三四位の位牌が一六室に祀られています。祭祀道具を保管する祭器庫が東に、祭礼楽を準備する小楽工庁が西南の外に置かれています。

永寧殿

✻慶熙宮《キョンヒグン》　（ソウル市鐘路区新門路1）

慶熙宮の地にはもともと李朝の創始者である太祖李成桂の家があったとされており、塞門安大闕または塞闕と呼ばれていました。その後、王族の私邸として利用されてきましたが、光海君の時代、ここに王気（王が生まれる兆し）があり、この気を消すため一六一七年に王宮を着工し、一六二二年に完成しました。新たな王宮は「慶徳宮《キョンドックン》」と命名されましたが、光海君が追放され、一七六〇年に慶熙宮と改称されました。東闕である昌徳宮に対して西闕と呼ばれるようになり、第一六代王仁祖から第二五代王哲宗まで一〇代の王の多くがこの慶熙宮にとどまりました。特に第二一代王英祖は治世の半分をここで過ごしたとされています。

一八二九年の火事で大部分を焼失し、一八三一年に再建されましたが、日本統治時代に一〇〇余りあった王宮の建物は破壊されたり強制的に移転させられました。その跡地に一九〇八年、日本人学校の京城中学校（現在のソウル高等学校）が建てられました。一九八七年に学校が他の場所に移転し、一九八八年から復元作業が始まり、二〇〇二年から現在のように一般公開されるようになりました。

興化門《フンファムン》は、一六一六年に建てられた慶熙宮の正門です。日本統治時代に伊藤博文を称えるために建てられた博文寺の正門となり、のちに新羅ホテル正門として移設されました。一九八八年からの復元作業により一般公開されました。**禁川橋**は、興化門の内側を流れる錦川に架かる石橋です。一六一九年に建設されました。日本統治時代に失われましたが、ソウル市による二〇〇一年の調査で確認され、かつての基礎をもとに復元されました。

崇政殿《スンジョンジョン》は、慶熙宮の正殿で、国王が臣下らと朝会、宮中宴会、使臣接待などの公式行事が行われたところです。王の即位式もここで行われました。一六一八年に建てられ、東国大学校構内に移設されていましたが、発掘された基壇を利用して現在地に復元されました。前庭には、文武百官が整然と並ぶように位階石が立てられています。**資政殿**《チャジョンジョン》は、慶熙宮の便殿（王が普段生活した宮殿）として国王が臣下たちと会議などをしたところです。一六一七～一六二〇年の間に建設されましたが、日本統治時代に失われてしまいました。その後の発掘調査によって元の位置に復元されました。**奉寧殿**《テニョンジョン》は、英祖の御真影を保管したところで、一七四四年に御真影が描かれるとすぐにここに奉安しました。跡さえ残っていなかった奉寧殿が現在は復元されていま

崇政殿

位階石

す。

✻雲峴宮《ウンヒョングン》　（ソウル特別市鍾路区雲泥洞114）

李朝第二六代王高宗の父、興宣大院君の私邸で、高宗は誕生から王位に就く一二歳までをここで過ごしました。現在は史跡第二五七号に指定され整備されています。昔に比べて規模はかなり小さくなってしまったようですが、その静粛な空間は、宮殿として機能していた当時の雰囲気を充分感じとることができます。敷地内には残る六棟の建物群は李朝末期の典型的建築様式のものです。李朝末期、興宣大院君をめぐる政治闘争がここを舞台に繰り広げられました。

日本統治時代に接収されましたが、一九四八年に返還され、ソウル市が買い取り整備・修復しました。

老楽堂《ノラッタン》は、雲峴宮の中心的な建物で、一八六四年九月に完成しました。高宗と明成皇后の宮中婚礼「嘉礼」が執り行われた場所でもあります。「老楽堂と空の間の距離は一尺五寸（約四五㎝）に過ぎない」という、朝鮮王朝後期の文臣金炳学の言葉からも、かなり大きな豪華な建物だったことがうかがえます。

老安堂《ノアンダン》は、舎廊棟《サランチェ》（男性の居住空間であるとともに、客人の接待をする場所）として、政治的な議論を行う執務室のような役割を果たしていた建物です。典型的な韓国の瓦屋で、長く延びた軒先が繊細かつ優雅な趣を醸し出しています。「老安堂」という名称は、『論語』の「老者安之（お年寄りが安心して暮らせる）」を引用したものと伝えられ、興宣大院君が最期を迎えたのもこの建物の一室でした。また「老安堂」と書

雲峴宮正面の門

かれた扁額は、書家である秋史・金正喜の筆跡を組み合わせ、興宣大院君が掲げたものだとされています。

二老堂《イロダン》は、一八七〇年に完成した、雲峴宮内で最も左側に位置する建物で、老楽堂とともに母屋の役割を果たしていました。男子禁制の女性だけの空間のため、簡単に侵入されないように建物はロの字型に造られ、中央に庭園が設けられています。興宣大院君の夫人である驪興府大夫人・閔氏が家事を行っていた場所でもあり、また明成皇后が宮中に入る前、宮中作法を学んだ場所でもあります。

守直舎《スジッサ》は、雲峴宮の警備と管理を担当していた人々が住んでいた建物です。広大な敷地面積の雲峴宮には維持のための大勢の人がいましたが、高宗が即位したことで宮廷からも官吏が派遣されていたため、さらに多くの人々がここに滞在していました。

老楽堂

老安堂

二老堂

このほか、雲峴宮遺物展示館、雲峴宮企画展示室などの建物があります。

正装する興宣大院君
（雲峴宮遺物展示館）

雲峴宮遺物展示館の展示

雲峴宮企画展示室

✿徳壽宮《トクスグン》　（ソウル特別市中区世宗大路99）

朝鮮及び大韓帝国の宮廷として建設された王宮の一つで、現在は史跡第一二四号に指定されています。面積は約六万㎡の広さで、ソウルの中心部、地下鉄市庁駅からも歩いてすぐの交通至便の場所にあります。

徳寿宮には第九代王世宗の実兄の月山大君や王族や高官たちの邸宅がありました。壬辰倭乱（文禄の役）で都城内にあるすべての宮廷建物が焼失すると、宣祖はこれらの邸宅を収用し、臨時宮殿（仮宮）として使用しました。光海君が再建された昌徳宮に居所を移し、ここを慶運宮という名前の別宮としました。その後一九世紀半ばまで宮廷建物としての大きな役割は果たしていませんでしたが、一八九七年に高祖が皇帝に即位して慶運宮を大韓帝国第一の宮廷とし、多くの殿閣を新しく建て宮廷建物としての格式を整えました。

また近代化への高祖の意思により、宮中にいくつかの洋式建物も建てられました。しかし一八八〇年代の貞陵洞一帯は、各区に外交使節の公館や宣教師住宅が密集しており、慶運宮の宮域を拡張するのは困難でした。結局、既存の米国・英国・ロシア領事館の間に宮域を拡張し、敷地の形が不規則となりました。その後、太平路拡張によって宮域が縮小され、高宗の崩御後には、北側の璿源殿と西側の重明殿一帯も売却されたため、本来の広さの三分の一だけが残りました。一九三三年には中心部分と一部の洋館だけとなり、多くの殿閣が撤去され、一般に開放されました。現在は中心部の中和殿一帯と静観軒および石造殿などの洋館が残っています。

徳寿宮は、壬辰倭乱と旧韓末という最も困難な時期に第一の宮廷として国家的危機を克服しようとした象徴的空間でした。また伝統的規範の中に西洋建築を取り入れた近代的な宮廷建物であり、周辺状況との空間的な関連を保ちながら造成された都市的宮廷でもあったのです。

ソウル市有形文化財として保存が図られている重明殿は、一九〇五年に日韓協約が結ばれた歴史的現場でもあり、日韓の近代史を考えさせられる舞台でもあります。

徳寿宮の建物の代表的なものについて見ていきましょう。

入口の**大漢門**《テハンムン》から見ていきましょう。もともとは徳寿宮の正門ではなく東門で、かつての名前も大安門でした。一九〇四年の大火災の後、一九〇六年七月一五日に再建され大漢門と改称され、以後事実上の徳寿宮の正門となりました。門の建築様式は単層正面三間、側面二間の多包式隅進閣屋根で、王宮の正門で単層なのはこの門だけです。もともと徳寿宮の正門は仁化門で、現在の中和門の前にあり、仁化門を通って一直線上に中和門を通り、徳寿宮の正殿である中和殿に続いていました。

一九一二年、大漢門前を通る太平路の拡張工事により徳寿宮の区域は大幅に縮小されましたが、このとき大漢門の位置には影響がありませんでした。しかし一九六八年、太平路の再拡張工事に伴い、大漢門は道路の真ん中に取り残されてしまうことになりました。現在の大漢門は一九七一年、もともとの位置から三三ｍ後方に移動したもので、二〇〇五年に完全修復されました。「大漢門」という扁額は朝廷の重臣だった南廷哲（李朝後期の大臣）の手によるものです。

中和門《チュンファムン》は、一九〇二年に創建された木造建築で、徳寿宮の正殿である中和殿の正門にあたります。正面三間、側面二間の重軒多包系八作屋根（四隅の軒の先が上に反り返っている韓式の家）様式です。本来の中和殿は重層正殿だったのですが、一九〇四年の大火災で焼失、一九〇六年に再建され、また一九八二年にも大幅に改装され現在の姿になりました。

創建当時の中和門は現在の門よりはるかに大きかったと考えられています。大韓帝国初期の慶運宮の平面図を見ると、中和門の南側には徳寿宮の正門である仁化門が、大漢門と中和門の間には朝元門がありました。しかし全て焼失してしまい、現在見る中和門はまるで単独建築物のようになってしまいました。また本来は他の王宮と同じように左右に行閣があったのですが、今では全てなくなり、中和門の南東にその行閣の一部だけが残っています。中和門は中和殿とともに宝物に指定されています。

一九〇二年に臨時正殿（王が朝礼をしていた宮殿）として使われていた即祚堂南側に行閣を囲んで**中和殿**《チュンファジョン》を建て、宮廷の中心領域としました。中和殿はもと重層建物だったのですが、大火災でこの一帯がすべて焼失したのち、一九〇六年に規模を縮小して単層に再建されました。中和門と行閣も一緒に建て直されましたが、現在の行閣は東南側の角の一部だけが残っています。中和殿とその前庭は国家儀礼を行うための象徴的空間です。二段の月台（宮殿の主要建物の前に設置されている壇で各種行事に使われる）を設け地面に礎石を敷き、品階石と三道（三つに分けられた道）を設置するなど伝統的な宮廷儀式に従っています。

昔御堂《ソゴダン》は、徳寿宮で唯一の二階建ての建築物です。一階は正面八間、側面三間、二階は正面六間、側面

大漢門

中和門から
中和殿を望む

浚明堂

昔御堂

一間の規模で、八作屋根になっています。最初の創建年代は不明で、一九〇四年の火災で焼失後、同じ年に他の建物とともに改築されたようです。壬辰倭乱（文禄の役）の時、避難先から還都した宣祖が崩御するまでの一六年間暮らした所です。昔御堂の名前もまた「昔、王がいらした家」を意味します。昔御堂のちょっと変わった点は、韓国では珍しく彩色が施されていない点と、二階建てでありながら飾りがない民間風の建築様式という点です。二階へ行くには昔御堂内の西側にある階段を使います。

昔御堂の後方、**浚明堂**《チュンミョンダン》とつながっている**即祚堂**《チュクチョダン》は、光海君と仁祖（李朝第一六代王）が王位即位式を行った歴史的な場所です。一九〇四年の火災で焼失しましたが、昔御堂、咸寧殿とともに復元再建され、現在の姿になりました。即祚堂という名前には「王が即位した所」という意味があり、昔御堂と同じように壬辰倭乱という大変な時代に宣祖が暮らし、国を導いた場所であることから当時の人々にとても意味深い場所とされていました。

このほか石造殿、浚明堂、徳弘殿、咸寧殿、徳寿宮美術館などがあります。

✻国立古宮博物館《クンニツコグンパンムルグァン》（ソウル特別市鍾路区孝子路12）

朝鮮王朝は、一三九二年太祖李成桂によって建国され、一九一〇年の日韓併合まで五一九年にわたって二七名の王によって受け継がれてきました。この朝鮮王朝に関するすべてが集められている国立古宮博物館は一九九二年一二月、王室の文化遺産を集めて体系的に管理・展示し、社会教育の発展に寄与する目的で徳寿宮内に「宮中遺物博物館」として誕生しました。その後二〇〇五年八月に「国立古宮博物館」となり現在の場所である景福宮横に移転しオープン。二〇〇七年一一月にはそれまで一フロアだった展示場を三フロアに拡大。さらに二〇一二年二月からは六か月かけて一二室あった展示室を一〇室に整理し、展示物も約九〇〇点から二〇〇〇点余りに増やして八月にリニューアルオープンし、地上二階、地下一階で展示が行われています。

二階の第1室は朝鮮王朝の王がテーマです。卓越した王の存在は国家の発展を意味し、彼らの業績は子孫に絶えることなく伝えなくてはならなかった。そのため常に王の居所には王権を象徴するものを配することで国王の権威や正当性を示した。

国王の重要な象徴物としては、国璽や儀式用の印象の御宝があり、記録物にも最も重要な記録である実録、朝鮮王室の家系図の璿源録、後代に模範となる事実を記録した国朝宝鑑、王命を司った中央政府機関の承政院で毎日の出来事を期した承政院日記、王室の行事を記録した儀軌などがあります。

第2室は王朝の建築がテーマです。景福宮、徳寿宮などの王宮建築の歴史と特色がわかる資料が集められています。ここでは鳳凰文様の踏み板やその両脇に備えられた欄干の龍、あるいは鳳凰文、双竜文を刻んだ宝蓋、建物の屋根に用いられた瓦などがあります。

第3室は王室の生活のコーナーです。王妃の礼服や服飾品のノリゲ、書簡類、風呂敷などが展示されています。

王室の生活では宮廷の多様な品々を通じて朝鮮王室の格調高き王室生活や文化を感じることができます。国王をはじめ王室家族のために制作された衣装や飲食物、各種の道具類は当代を代表する匠たちにより、良質の材料を用い、最高の技術によって作られました。

宮廷では婚礼や祭祀など王室の重要な儀礼や行事以外にも、王室家族も日常生活が営まれました。厳しい規定を格式に従って作られた宮中の装束や祝宴の献立など、儀礼用の品々や日常生活に欠かせない家具や器、服飾、装身具なども灯台を代表する文化の精髄といってよいでしょう。しかし朝鮮王朝では王自らが質素な生活を実践しており、奢移を禁じていました。そのため宮廷の生活用品は、華麗さよりもむしろ

さまざまな印章

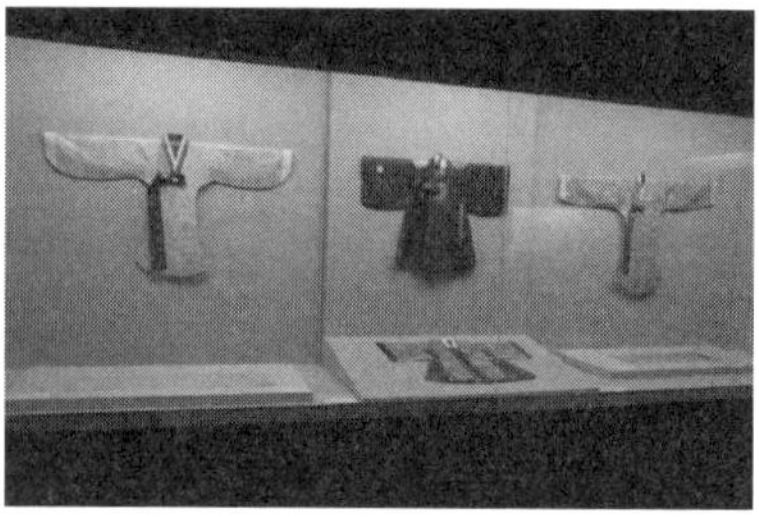

服装の展示

王宮文書

上品な洗練美が表現されています。さらに王室の厳格な法度と礼儀により、用いられる材料、色合い、装飾文様は階級により異なっていました。

一階の第1室は王室の儀礼がテーマです。特に朝鮮王朝が重視してきた五礼、すなわち吉礼、凶礼、軍礼、喜礼など礼に関するものが集められ展示されています。

第2室は大韓帝国と皇室がテーマです。この時代は一八九七年の清の体制からの独立で大韓帝国と称した時代で、一九一〇年の日本統治時代までのわずかな期間です。当時の国王は即位して皇帝と称しました。この時代のものとして皇帝・皇后の御料車がピカピカに磨かれた状態で展示されています。

第3室は天文と科学がテーマです。地球儀や水時計の大規模な復元模型などがあります。

朝鮮時代には、国王の重要な任務の一つに民衆へ正確な時間を知らせる仕事がありました。民衆に起床や労働の開始、休息等の時刻を知らせ日常生活のリズムを管理して社会生活の秩序を維持することに努めたのです。時計は秩序と権威の象徴となり、その管理は統治手段の一つと考えられるようになりました。

自動水時計が造られる以前は主に影の向きで太陽の位置を把握する日時計と水の増減によって時間を推定する水時計が使われていました。世宗の代には三国時代から利用されていた水時計を自動化し、自動で時を知らせる時計という意味で「自撃漏」と呼びました。自撃漏は彰英実が完成させ慶会楼南側に建立した報漏閣に設置され、一四三四年七月から国家の標準時計となりました。

地下一階は宮中絵画がテーマです。宮中を飾っていた装飾屏風や宮中の様子を描いた絵画が展示されています。第2室は宮中の音楽がテーマです。鼓や太鼓、鐘など宮中で演奏された楽器が集められています。第3室は王室と御幸が「テーマです。王が外出するときに用いた輿や儀礼の旗や装飾用の武器などがあります。第4室は先に見た天文と科学のⅡがテーマです。ここでは雨量を計測した観雨台や薬品を分類した薬箱、医学に関する資料が集められています。

自撃漏

✻華城行宮《ファソンヘングン》（京畿道水原市八達区南昌洞6）

華城行宮を中心に全長五・七㎞の城郭と門、砲台、兵士の休憩所、訓練所などを東西南北に整然と組み込んだ素晴らしい建造物が水原華城です。

李氏朝鮮王朝末期に造られ、一九九七年に世界文化遺産に登録されました。城内には水原華城博物館や水原市立美術館、韓屋技術展示館、水原伝統文化館などもあり、一年中たくさんの観光客が訪れています。春には色とりどりの花が咲き乱れ、また一〇月初旬には華城文化祭が開催されるほか、さまざまな常設イベントや体験施設なども運営されています。

水原の華城行宮は、韓国の行宮の中でももっとも規模が大きく、美しいといわれています。一七九六年、朝鮮第二二代の正祖大王が水原に華城を築城したあと、八達山東部の麓に行宮を建立しました。一七八九年に水原の新邑治を花山から八達山に移転するとき、もともと官衙として使われていた建物を拡大して行宮として完成させたものです。

親孝行だった正祖が父親のお墓参りをしたあと、帰りに休息をとったり、建立当時は六〇〇あまりの堂があったそうですが、日本統治時代に主な建物である奉寿堂が医療機関の慈恵医院（地方に立てた近代式の病院）として使われるようになると、ほとんどの施設が壊されてしまいました。

一九七五年に水原華城の復元とともに行宮の復元工事も行われ、二〇〇三年から一般公開されました。

華城行宮内の建物を見てみましょう。

新豊楼《シンプンヌ》は、二階建ての楼門で、華城行宮の正門です。「新豊」は「王のもう一つの故郷」という意味で、正祖大王はここを故郷のように思っていたようです。一階には三つの板門が掛かった通行門があり、二階は楼閣になっています。入口の左右には北軍営、南軍営という建物があり、壮勇外営の騎馬兵だった親軍衛がそれぞれ一〇〇人ずつ宿泊していました。

新豊楼を抜けると**左翊門**があります。一七九〇年に建設されたもので左翊とは「そばで助ける」という意味で、この門は中陽門の前にあって行宮を守る中三門です。

中陽門は、一七九〇年に完成した華城行宮の正殿である奉寿堂のすぐ前で塞いで守る内三門で、行宮の最も重要な門として厳しく統制されました。

王の行幸の際、正殿として使われた建物が**奉寿堂**《ボンスダン》です。日本統治時代に撤去されたものを一九九七年に復元しました。ちなみに奉寿堂という名前は「万年の寿を願う」という意味で、正祖が母親である獻敬王后（恵慶宮洪氏）の長寿を祈願して付けたそうです。一七九五年にはここで獻敬王后の還暦を祝う宴が盛大に行われました。

新豊楼

左翊門

南軍営

洛南軒

老来堂

奉寿堂の玉座

奉寿堂内部

奉寿堂

長楽堂《チャンナッタン》は、華城行宮の寝殿で、正殿である奉寿堂の南側に建てられ、奉寿堂の西南側の柱が重なっています。漢の皇太后の住まいを意味する「長楽宮」からとって名付けられたとのことです。

華城行宮の内堂には、正祖が行幸するときに泊まったという**福内堂**《プンネダン》や、王が行幸するとき、しばらく留まって執務を行った**継与宅**《ユヨテッ》などさまざまな施設が復元されています。

洛南軒《ナンナムホン》は、行宮の正殿である奉寿堂の北側にある建物で、一七九五年の獻敬王后の還暦祝宴期間に、ここで特別な科挙試験や軍の会食などのイベントが行われました。

新豊楼の左右にある**南軍営・北軍営**は一七八四年に建設されました。騎馬兵である親軍衛が左、右列に各一〇〇人ずつ宿営した施設です。

得中亭《トゥッチュンダン》は、弓矢を打つために建てられた亭で、一七九〇年、正祖がここから矢を四発放ったところ、すべて命中したので、それを記念して得中亭にしたという伝承もあるそうです。日本統治時代に撤去されたものを一九九八年に復元しました。

正祖が王位を退いたあと、老後の生活を夢見て建てたといわれる**老来堂**《ノレダン》。ここは洛南軒と得中亭で開かれるさまざまな行事の途中、休憩する場所として使われたようですが、そのため北側は洛南軒と、南側は得中亭とつながっています。

伝統武芸二四技の再現公演

正祖大王の時代に体系的に整えられた伝統武芸二四技の再現公演が新豊楼前の広場で行われています。朝鮮伝統の武芸と、中国、日本の武芸の優れた技を積極的に取り入れた実戦武芸です。その時代の武器、衣装などを再現し、迫力があります。

都城・官衙に関する遺跡と博物館

都城は宮殿を守護するために設けられた官衙です。官衙とは政治の実施機関の建物群で、ソウルでは朝鮮時代に漢陽都城が設けられ、長らくの間続きましたが、一部水原に都城が設置されたこともありました。朝鮮時代以前に設けられた百済などの城塞及び官衙については「考古遺跡と博物館」の項で取り上げています。

✻東大門《トンデムン》（興仁之門）

（ソウル特別市鍾路区鐘路288）

東大門は、ソウル市鐘路区の繁華街の中にある城門で、規模の大きさから一際目を引きます。交通の便も良い東大門地域は、朝鮮時代の雰囲気を残す城壁や東大門市場など見どころも多く、北側の城壁が残る一帯は東大門城郭公園として整備されており、この公園の中に漢陽都城博物館があります。

李氏朝鮮時代にソウルを取り囲むように築かれた城郭の東西南北の城壁には

東大門

四つの門が設けられました。興仁之門（東）、敦義門（西）、崇礼門（南）、粛靖門（北）と呼ばれ、その名前は儒学の徳目の仁義礼智信から一字を取り名付けられています。一三九八年に建てられた興仁之門（東大門）は城壁東側の入口に当たります。南の入口の崇礼門と共に大きい城門です。城壁へと続く築台にアーチ型の通路を設け、その上に門楼置き城門が作られています。門の西側には、南大門市場と共にソウルの二大市場と言われる東大門市場があります。

✤漢陽都城博物館《ハニャントソンパンムルグアン》（ソウル特別市鍾路区栗谷路283）

漢陽都城は、一三九二年に始まった朝鮮王朝の都ソウルを約六〇〇年にわたり守ってきた城郭でした。地形と一体となるように築造されていましたが、近代化の中で一部が取り壊されたりしたものの、現在でも原型が遺されています。

漢陽都城博物館は東大門城郭公園の中に二〇一四年にオープンし、二〇一六年にリニューアルオープンした新しい博物館です。朝鮮時代から現在までの漢陽都城の歴史や文化を展示しています。一階はロビーと常設展示室1です。ロビーでは「漢城ソウルを抱く」と題して、壁面の大型ビジョンで過去、現在の記憶を紹介しています。常設展示室1では、漢陽都城全体が俯瞰できるジオラマと映像で、全長一八・六二七㎞に及ぶ城壁を見ることができます。また城壁の石材に刻まれた文字の拓本なども見ることができます。さらに現在のソウルにおける漢陽都城の存在意義についても解説しています。

二階の常設展示室2は都城の建設と管理がテーマとなっています。

漢陽都城博物館

出土遺物

城壁の石材に刻まれた
文字の拓本

漢陽図

崇礼門の模型

都城はその位置、規模、形状、格式などを通じて一国の位置づけと統治理念を示す空間であり、構造物の集積体です。漢陽は、高麗時代は南京と呼ばれ城壁はありませんでした。都城の中の道路は城門を通じて全国に広がり、都城の南側を流れる漢江は物資の輸送路として利用されました。

一六世紀の末と一七世紀の中頃、日本と清の侵略により都城が陥落し破壊される被害を受けましたが、都城の基本構造は朝鮮王朝五〇〇年余年間でそれほど大きな変化はなく維持されてきました。さらに「都城の管理と生活」のコーナーでは、都城絵図がいくつか展示されています。また城壁の構築に使われた道具類や、出土遺物も見ることができます。

都城は、王の尊厳と国の権威を示し、それを守護する施設として、それにふさわしい権威を保たなくてはなりませんでした。このため世宗大王時代、都城を大々的に修復し、城壁に沿って内外に巡察路を造りました。王や海外の使者が出入りした崇礼門と興仁之門はとくに華やかで壮大に造られました。門楼は、火災監視用の物見やぐらの役割をも兼ねていました。都城はソウルの市民生活を強力に統制したばかりでなく、全国民にも象徴的かつ実体的な影響を及ぼしていました。とくに城門の出入りの際、門衛に見せなくてはならなかった符験は貴重な遺品です。

三階の常設展示室3は「漢陽都城漢城の毀損と再誕生」です。日本の植民地時代及び解放後の近代化の過程で毀損した都城を復元し、都城激動の時代を知ることができるコーナーです。古くなった城郭都市にとって近代化とは、人口の増加によって都市空間が城壁の外側へ膨張し、道路が新設・拡張され、新兵器開発によって城壁の軍事的価値が下がる過程でもあります。

韓国を強制的に占領した日本は平地の城壁を取り崩し、数百年間ソウルのシンボルであった城門を撤去したり放置したりしました。漢陽都城は尊厳な血を表象するシンボルから亡国の苦痛を表す廃墟となってしまいました。

さらに、城壁が都市発展を妨げる古い時代の残骸として認識されたのは普遍的な時代現象でした。世界中の歴史都市の城壁が取り壊され、漢陽都城もそうした宿命を避けられませんでしたが、民族的な伝統が息づく近代以前の時代の遺物を保存しなければならないという考え方が広まり、漢陽都城も韓国とソウルのアイデンティティを具現化する記念碑的な遺産として見直されたのです。平地に建設された他の首都の城郭とは違い、漢陽都城は自然と一体となって築き上げられたので、多くの部分を保存することができました。

この展示室には興仁之門の屋根を飾っていた飾り瓦が展示されています。また訪問時には崇礼門の特別展示が行われており、門の設計図面や精密な模型などが展示されていました。ちなみに、崇礼門は一三九八年朝鮮時代太祖によって建設された門で、漢陽都城の正門、南大門としての役割を果たしていました。

✤普信閣《ポシンガッ》（ソウル特別市鍾路区鍾路54）（貫鉄洞）

普信閣は、ソウルの繁華街・鍾路の交差点東南の角に建っています。現代建築の高層ビル群に囲まれていますが、威風堂々とした二層構造のこの建物はひときわ目を引きます。

普信閣にある巨大な釣鐘は、朝鮮時代に時を知らせる役目を果たしていたもので、この鐘の音によって城門の開閉が行われていました。元々の鐘は壬辰倭乱（文禄の役）の際に焼失してしまいましたが、一四六八年に再び造り直され、現在は国立中央博物館に保存されており、いま普信閣にある鐘は一九八五年に新たに作られたものです。

普信閣

普信閣

ちなみに鐘を吊るした鐘閣の建物は、ソウル市によって一九七九年に建設されたもので、通常は立入禁止ですが、毎年大晦日の鐘撞きのイベントには多くの市民、観光客が集い、新年を祝う一大イベントになっています。

✾南大門《ナンデムン》（崇礼門）

（ソウル特別市中区南大門路４街）

南大門はソウル市中区の繁華街の中に聳え建つ城門で、東大門と共にその規模の大きさから目を引く朝鮮時代の建造物です。この門は、李氏朝鮮時代に築かれた城郭の四大門の一つで、城壁の南側入口として一三九八年に建設されました。正式には崇礼門と呼ばれますが、一般的には南大門と呼ばれています。四大門の中で最大の規模を誇るもので、韓国最古の城門として一九六二年に国宝第一号に指定されました。

南大門

南大門はソウル市内に残る最古の木造建造物であり、ソウル駅からも近く韓国の象徴的建物であったのですが、二〇〇八年二月に放火され、一階部分の一割、楼閣部分である二階の九割が焼失してしまいました。二〇〇八年五月から復元のための様々な工事が始まり、発掘調査、復元設計、考証調査を経て、二〇一〇年から三年間をかけて復元工事が行われました。復元工事は五年三ヵ月にも及ぶ大規模なものとなりました。現在は、両翼に延びる城壁も復元され、再びその威容を誇っています。

東大門市場と共にソウル二大市場の一つである南大門市場は、この門を起点に広がっています。

✽敦義門《トニムン》（西大門）址　（ソウル特別市鍾路区新門筋2街6）

敦義門（西大門）は、一四二二年に築かれて以来、都の西部への関門としての機能を果たしてきましたが、日本統治時代の一九一五年に道路拡張工事のため撤去されました。現在は跡地に「敦義門址」と表示されたモニュメントが建てられています。地下鉄5号線三市大門駅が最寄り駅です。

このほか四大門の残りの一つである**粛靖門**《スッチョンムン》（北大門）はソウル市北部の北岳山山中（ソウル特別市鍾路区三清洞山2）にあり、一九七六年に復元され史跡第一〇号に指定されています。

✽水原華城《スウォンファソン》　（京畿道水原市八達区行宮路18）

水原華城は、ソウル市内から南へ約四〇km、京畿道水原市の中心部にありま

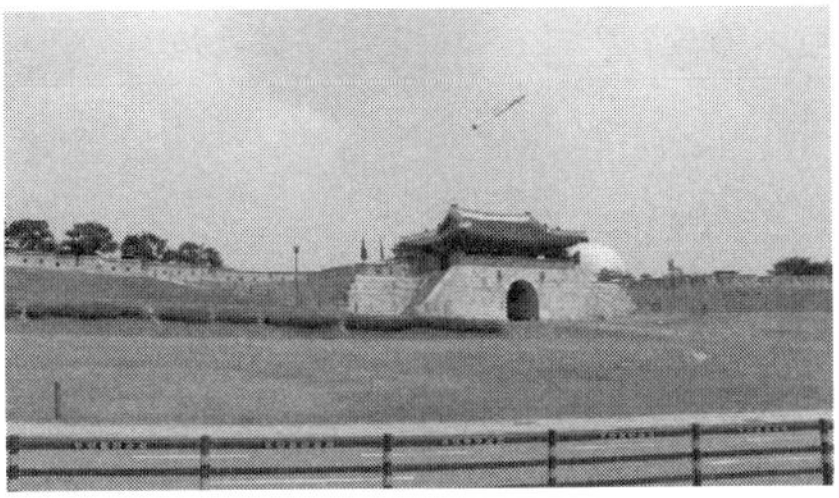

水原華城

す。李氏朝鮮第二二代国王正祖が父思悼世子の墓を楊州から水原郊外の華城の地に移し、その周辺に陵墓を守る城壁や城門、塔や楼閣などを築いた城郭です。総面積一三〇ha、城郭の全長は五・七㎞もあります。

一七八四年から二年を超える歳月と多くの労働力を投入して築城され、城壁の建設には中国清朝から伝えられた西洋の技術が採用され、石組みとレンガを組み合わせた独特の構造となっています。東西の建築技術を融合させた設計を行ったのは、朝鮮後期の実学者である丁若鏞という人物でした。当時の建築・築城技術の粋を結集したこの城は最高の建造物と言えます。建築史的にも高い価値を持つ城郭として一九九七年、ユネスコ世界文化遺産に登録されました。

北水門

日本統治時代と朝鮮戦争時に一部が破壊されましたが、築城記録である『華城城役儀軌』を基にして一九七五年から五ヵ年をかけて復元整備が行われました。城内の中心には華城行宮があり、華城四大門と言われる八達門（南）、長安門（北）、華西門（西）、蒼龍門（東）のほか、北水門、南水門の二つの水門、市内を一望できる軍事指揮所である東将台、西将台、兵士の見張り所である空心墩などがあります。

長安門

華城を南北に流れる水原川にある南北二つの水門のうち北側の水門、北水門は虹のようなアーチ型の門を特徴とすることから華虹門とも呼ばれています。一七〇四年三月に着工、翌年一月に完成しました。訪問時は渇水期だったので水は流れていませんでしたが、シーズン中には水しぶきが流れ出る様子が美しいことでも知られています。

また、城内には水原華城博物館や水原市立美術館、韓屋技術展示館、水原伝統文化館などの施設もあります。

✽水原華城博物館《スウォンファソンパンムルグァン》（京畿道水原市八達区梅香洞49）

水原華城の美しさを知らせるための博物館です。三階建てで前面の大半がガラス張りの近代的な建物です。ロビーには、華城全体と周辺地域の雄大なジオラマ地形模型が置かれています。一階には企画展示室、子ども体験室、ＡＶ講義室、情報検索室、休憩室、カフェテラス、ミュージアムショップなど、二階には常設展示室の華城築城室、華城文化室、三階には野外休憩室、展望台があります。また野外には、大型のクレーンのような拳重機や朝鮮後期の華城に赴任した官吏の徳を功徳する善政碑、江原道にある正祖の胎室を再現したものなどが展示されています。

華城築城室に入ってみましょう。ここでは水原華城の築城過程と都市発展の過程を見ることができます。水原華城は、朝鮮の築城技術を基盤にして、中国、日本の築城方式と西洋の築城技術を導入して造られており、世界の城郭の総和であるといえます。お手本にした姫路城などのお城のジオラマ模型も展示されています。また風納土城、三年山城、江華外城についてもジオラマが造られ、次のような解説が付されています。

風納土城は、百済初期の三世紀に造られた代表的な土築の城です。小石一つ

水原華城博物館

ない細かな土で版築し、城内には堀をめぐらせて防御を固くしてあります。三年山城は、忠清北道に築城された新羅時代四七〇年頃の代表的な石城です。一〇ｍもある城壁は、一階は横、二階は縦に築かれた堅固で難攻不落の城です。江華外城は、高麗の高祖の時期の蒙古の侵入のため江華島へ遷都したのち、一二三七年から内城を築き、外城は一二三七年から土で築きました。一六六七年、丙子胡乱が終わった後、内側は土、外側を石で改築しましたが、雨が降ると流れ落ちるため、江華留守である金㯙の建議によって一七四七年から二年間かけて煉瓦で再び築かれました。

華城紀蹟碑の写真パネル展示があります。これは華城築造の全般的な過程が記録された碑石です。金鍾馗秀が朝鮮二二代王正祖の命を受けて碑文を書きました。正祖が華城築造を主導的に計画し推進したことがわかります。さらにケース内に二つの軸が掛けられています。ともに絹本水墨画で、正祖の描いた菊花図と芭蕉図です。

また「顕隆園の造成」では、正祖は父親である思悼世子の墓の格を王子から世子の地位に回復させました。そして一七八九年思悼世子の墓を水原に移す際、「永裕園」から「顕隆園」に名前を改めました。また正祖は思悼世子の息子であることを明確にしました。これは反逆罪で処罰された思悼世子の息子であるという立場からくる不安定な王位の正当性の問題を事前に遮断するための政治的な試みでした。「築城を計画する」というコーナーでは、正祖は思悼世子の墓と正祖自身が来て滞在するための行宮を守護するという名分のもと水原を改革都市に変貌させました。これによって水原を保護し、国王の親衛部隊である壮勇営の兵士を育成し、駐屯させる城郭の建設を推進させました。

このコーナーには『華城城役儀軌』が展示されています。これは正祖の命によって一七九六年に刊行した華城の築造に関する記録を集成した本です。一八〇一年に全一〇巻で刊行されたもので、華城築城の過程をはじめ、建物図面と使用した機械の図解も収められ、当時の建築技術と科学水準を理解する重要な資料です。

さらに華城築造に必要な資材の供給についても触れられています。石材は陸路、八達山、麓妓山、熟知山から華城へもたらされました。煉瓦は広州の王輪洞や西峰洞の窯などで作られて華城へ運ばれました。木材は海路で全国各地から鴆浦港に集められ華城へ運ばれました。

水原府の移転をきっかけに正祖は、自身の夢を込めた改革都市である水原を建設するために華城を築城する過程を紹介しています。また華城の築城以後、朝鮮の中心都市として発展した水原の姿も紹介されています。

丁若鏞は朝鮮後期の新しい学問である実学の完成者で、漢江を渡れるように船をつなげて作った舟橋を考案しました。また華城建設の基本計画を立て、さまざまな築城のための器具を作りました。また正祖の頼もしい臣下として蔡済恭が紹介されています。一七二〇年の生まれ、一五歳で、郷試に及第し、多くの官職を歴任、世祖の教育を担当し、世祖の葬儀も執り行うなど英祖の信任厚く、正祖の代になっても高い信任を得ていました。

続いて**華城文化室**を見てみましょう。水原華城での正祖の八日間にわたる行次（王が行列を引き連れて外出すること）、華城に駐屯した壮勇営（朝鮮後期の王、王室、宮廷を護衛する軍隊）などの姿を見ることのできます。一七九五年閏二月九日、正祖とその母親である恵慶宮は王族と臣下を率いて昌徳宮の敦化門を出発しました。閏二月一三日、恵慶宮の還暦の宴が華城行宮の奉寿堂で開かれました。正祖と臣下たちは順番に祝盃をあげ祝い、詩を作り、恵慶宮の長寿を祈願しました。この行事は正祖の限りない孝心を表し、その規模と形式において朝鮮王室の権威と威厳を示しています。展示では壮大な行事の風景をジオラマにして見せています。「すべての百姓をあまねく愛しむ」のコーナーでは、華城での四日目、母親の還暦を迎えた喜びを百姓たちと分かち合うため、行宮の正門である新豊楼で、四民（男やもめ、寡婦、孤児、独者）

還暦の宴の様子

敦化門を出発する
正祖

華城の絵図

『華城城役儀軌』など

五〇余名と貧乏人二六一名に米を支給しました。これは正祖時代の為民政策を象徴的に示している代表的な事例とされています。

また、常設体験室があり、子どもを対象にした体験教育も実施され、様々な教育プログラムが行われています。

✿水原華城広報館

（京畿道水原市八達区南昌洞14）

華城行宮の入口左側に一階がガラス張りで二階がレンガ色の壁面の建物があります。水原華城博物館と比べるとかなりコンパクトですが、時間をかけずに水原華城の概要を知りたい人には最適なガイダンス施設かもしれません。

水原華城広報館

華城周辺のジオラマ

王様の輿

入口を入ると水原華城とその周辺の地形のジオラマ模型、華城建物配置絵図と王の隊列絵図のパネル、発掘調査で得られた地層の剥ぎ取りパネルなどが展示されています。このジオラマをじっくりと見ると、華城と周辺の地形がよくわかります。また、一階には王様の隊列に伴っていたとみられる豪華な輿が展示されていますが、このほかに展示物は見られません。

✽水原伝統文化館《スヲンジョントムナグァン》（京畿道水原市八達区長安洞17）

永原華城の長安門に通じる大通りの南西にある韓屋建物群がこの施設です。水原市の教育施設で、二〇一五年に完成しました。中には朝鮮時代の韓屋建物があり、韓国の伝統料理や土産物などを販売しています。また広場では韓国の伝統的な遊びを体験できるコーナーもありますが、平日の早朝のためか全く観光客はいませんでした。

中央の建物が展示施設として活用されており、訪問時はミニ特別展「風俗画の中のわたくしたちの服」が行われていました。壁面には朝鮮時代の貴族の風俗が描かれたパネル、奥には座敷用の布団がセットされ、わずかな量でしたが朝鮮時代の民俗資料が展示されていました。一部屋のみのため、やや物足りないと感じる展示でした。

水原伝統文化館

歴史に関する博物館

ここでは先史時代から中世・近代まで歴史全般を扱っている博物館を集めました。国立中央博物館は考古学、美術工芸など広範な内容の総合博物館ですが、あえてこの項で取り上げました。

✿国立中央博物館《クンニッチュンアンパンムルグアン》（ソウル特別市龍山区西氷庫路137）

ソウル市の中心部にある国立中央博物館は、敷地面積約三〇万㎡、建物総面積約一四万㎡の大型総合博物館です。入口から本館まではやや距離がありますが、緩やかな石段と竹林などの植栽が続く気持ちのよい道を歩いていきます。

一九一五年に朝鮮総督府博物館として景福宮内に設立したのが最初で、終戦後アメリカ軍政下にあった一九四五年に国立博物館となりました。一九五〇年

国立中央博物館

に勃発した朝鮮戦争の際は、臨時首都の釜山に重要所蔵品を移送しています。一九五三年の休戦でソウルへ戻りましたが、政府の方針によって徳寿宮の石造殿へ移転させられます。一九六九年には徳寿宮美術館を吸収し、さらに一九七二年に景福宮内に再移転し国立中央博物館と改称されました。

一九八六年には中央庁舎（旧朝鮮総督府庁舎）を改修して広大な展示面積を確保し、博物館の質的充実を図りました。やがて「民族精気の回復のため博物館庁舎として使用されてきた旧朝鮮総統府建物を撤去し、龍山に新博物館を建設する」という政府決定を受け、一九九六年に国立中央博物館は社会教育館を増改築した庁舎（現在の国立古宮博物館）に移転し臨時開館しました。

国立中央博物館の新館建設は、一九九三年にソウル中心部の龍山家族公園を建設予定地に決定し、国際設計協議を経て朴承弘が当選作とされました。ちなみに設計のコンセプトは「自然と人との調和を追求する韓国伝統建築の特性を現代的に解釈する」という博物館建築の基礎概念を示しています。そして二〇〇五年に世界第七位の規模の韓国最大の博物館として再オープンしました。

ちなみに韓国は国立博物館が充実しており、現在中央博物館の管轄下に、慶州、扶余、公州、光州、晋州、清洲、全州、大邱、金海、春川、済州、羅州の各地に国立博物館があります。

では、国立中央博物館の展示を見ていきましょう。館内には考古館、歴史館、美術館Ⅰ、Ⅱ、アジア観、寄贈館の六つの常設展示領域が設けられています。

考古館では、先史・古代館は旧石器時代から新石器時代、古朝鮮、扶余・三韓、高句麗、百済、新羅、統一新羅、渤海と続きます。この領域だけでも素晴らしい展示品が多いのでここですべてを紹介していくのは困難ですが、一部公表されている資料を引用しながら簡単に触れておきたいと思います。

人類が半島に住み始めた今から約七〇万年前の旧石器時代時代以来、新石器時代から古代にかけての通史展示で旧石器時代の遺物が続きます。新石器時代に入って土器の登場や農耕の開始があります。この農耕文化期の展示品としては、農耕文青銅器と多鈕細文鏡と鋳型が注目でしょう。農耕文青銅器は幅一二・八㎝の小型のもので下の部分は欠けています、右上と左上部分に人物が見え、さらに右の人物が犂を用いている姿が描かれています。おそらく踏み犂の使用を物語るものと考えられ、当時の農耕技術を考えるうえで重要な資料です。多鈕細文鏡は独特な文様を持つ鏡で、その起源は中国遼寧地方にあり、現在、朝鮮半島で二九面、日本で一一面の出土が確認されています。また鋳型は日本でも二〇一五年に福岡県春日市須玖南タカウタ遺跡から出土した多鈕細文鏡系石製鋳型が見つかっています。

三韓室

やがて三韓時代には鉄器の使用が始まり、紀元前後に半島全域で生産が開始されたと考えられます。鉄器の普及は生産力の向上をもたらし、政治・経済・文化に大きな変化を与え、古代国家成立の原動力ともなりました。扶余・三韓室では、三韓時代の遺跡として昌原茶戸里遺跡の出土遺物の紹介が行われています。三国時代の高句麗は、卓越した建築技術を駆使して勇壮な都城・大規模な建物を建てていきました。三国の中で最も早くから瓦を製作し、これらは宮廷官衙などの建物に大量に使用されました。四世紀に仏教が伝播し、寺院の屋根を飾る蓮華文軒丸瓦などが作られました。なおこの仏教は中国北魏の影響が濃く、一般に北朝系仏教と呼ばれており、飛鳥時代の日本にも影響を与えました。

高句麗室（壺杅塚出土の銅碗）

一九四六年五月の慶州壺杅塚（路西洞一四〇号墳）の発掘調査は、独立後最初の発掘調査でした。その結果、二つの墳丘が南北につながっていたことが明らかになりました。南側の古墳からは高句麗広開土大王と関連した青銅容器が出土したことから「壺杅塚」と名づけられ、北側の古墳からは銀製の鈴が出土したことから「銀鈴塚」と呼ばれるようになりました。壺杅塚の墳丘は直径一六m、高さ四m前後と推定されています。幸い木槨を含む埋葬主体部は全く毀損されていませんでした。装身具は大部分が遺体につけ

本館への道

本館ロビーの展示

壺杅塚出土の銅碗

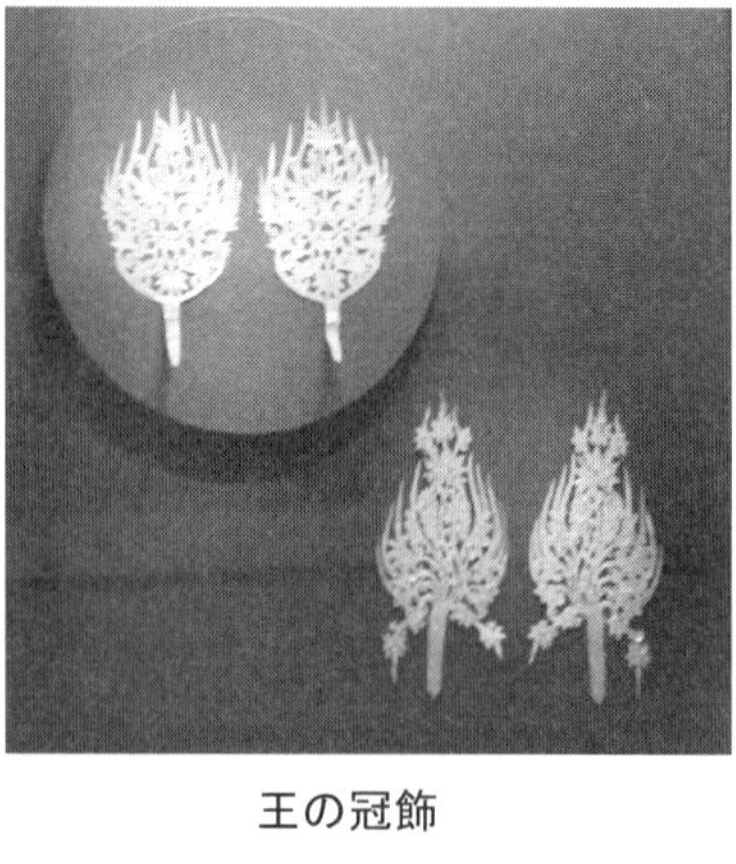

王の冠飾

高麗仏像

金銅製鎮壇具

高麗青磁合子

高麗青磁

玉座

られていたものと見られ、環頭大刀と青銅製合子などが木棺の内部から、他の金属容器と土器類は副葬槨で発見されました。この青銅合子は半球形の胴体部に平らな形を呈する蓋からなります。胴体部は高さ一〇・三cm、口径二二・九cm、底径一五５cm、胴体部最大径二三・八cmであり、蓋は高さ九・一cm、口径二二・八cm、つまみの高さ三cmで、これまでに発見された合子形の青銅容器の中で比較的大きい方に属します。高台を持つ底部には文字が陽刻されており、容器を形作る鋳型自体に文字が刻まれて鋳造されたものです。四行四字ずつからなる一六文字の銘文「乙卯年國罡上廣開土地好太王壺杅十」とその上部中央に「#」の字が見られます。書体は広開土大王陵碑と非常に似ており、碑文と壺杅両方とも「乙」、「年」、「國」、「罡」、「開」に簡略した文字が使用されています。「國罡上廣開土地好太王」は広開土大王（在位三九一～四一二年）の諡です。若干の違いはありますが広開土大王の諡を伝える金石文が他にもあります。集安の広開土陵碑では「國罡上廣開土境平安好太王」、集安の牟頭婁塚の墨書では「國罡上大開土地好太聖王」となっています。合子（壺杅）の底面の銘文は「國罡上廣開土地好太王（を記念あるいは追慕するための）壺杅」と解釈されています。このことから「乙卯年」は広開土大王が逝去した四一二年以降とされます。

青銅合子が作られたと推定される四一五年は新羅第一八代実聖王一四年に該当し、王自身も三九二年に高句麗の人質となり、四〇一年に新羅に戻り、翌年には王に即位し、四一二年には奈勿王の息子である卜好が人質として高句麗に行き、四一八年に戻ってきました。このような高句麗と新羅の関係から見ると高句麗の広開土王を記念するためのものが新羅に送られた蓋然性は十分にあります。

壺杅塚から出土した他の遺物が新羅の積石木槨墳が作られなくなる直前の六紀前半に該当するもので、壺杅塚の築造年代は六世紀前半と推定されます。したがって、この青銅製合子は五世紀初めに高句麗で製作された後、製作時期と近い時点で新羅の首都慶州に持ち込まれ一〇〇年以上の伝世期間を経て墓に納められたものと推定されます。広開土大王の葬儀を執り行った一年後の四一五年に王陵で盛大な祭祀を執り行い、その記念に青銅製合子（壺杅）を作り、その祭祀に参加した新羅人を通して慶州に搬入されたと考えられます。

百済室（王の冠飾）

一九七一年七月、宋山里六号墳の排水工事の際に武寧王陵が偶然発見され緊急発掘調査が行われました。この発掘は百済史に関する歴史的な調査でした。墓の内部からは、被葬者に関する事柄が書かれた墓誌石をはじめ、金銀で作られた多様な装身具、金銅製飾履、青銅鏡、中国製陶磁器など四六〇〇点余りの遺物が出土しました。このうち一七点が国宝に指定されました。武寧王陵から出土した遺物の中には中国南朝と関連したもの、新羅・倭との交流関係を窺い知ることができるものもあり、百済文化の開放性と国際性を雄弁に物語っています。

冠飾は計四点出土しており、王と王妃の頭部分からそれぞれ二点ずつ対をなした状態で確認されました。王の冠飾（国宝第一五四号）は薄い金板に忍冬唐草文と火焔文を基本文様として透彫されています。忍冬唐草文は全体的に中央に集まって燃え上がる炎の形をなしています。冠飾の前面には丸い形の小さな歩揺が金糸によって吊り下げられており、高い装飾性を見せ華麗です。王妃の冠飾もやはり忍冬唐草文と火焔文を透彫していますが、王のものに比べて簡略化されており、左右対称の構図となっている点、丸い歩揺がついていない点で違いがあります。武寧王陵から出土した冠飾は文献記録や出土位置などから推定すると、黒い絹で作られた冠帽に挿した装飾品とされています。

伽耶室

伽耶とは紀元前五～五六二年に洛東江下流地域に栄えた小国家群の総称です。金官伽耶（金海地域）、大伽耶（高霊地域）、小伽耶（固城地域）、安羅伽耶（咸安地域）、古寧伽耶（旧咸昌地域）などが存在しました。

豊富な鉄資源を背景に国際交流を行っていたことから、挂甲をはじめとする鉄製武具や武器などの展示は圧巻です。和歌山県大谷古墳出土例などで知られる馬冑も出土しています。陶質土器（伽耶土器）の豊富な種類も見逃せません。

新羅室

三国時代の新羅から半島を統一するまでの期間を対象としています。新羅という国号を始めた智証王の後を引き継いだ法興王は、律令の交付、仏教の公認など体制を整え、中央集権国家としての基礎を築きました。慶南大塚出土の金銅製銙帯、金冠をはじめとする出土品は豪華で華麗なものが多く目を見張ります。権力の象徴としてのこれら遺物群は慶州地域の大量の墳墓群（積み石塚）の奥深くに収められていたものです。一方、この時代には国家仏教を推進するため皇龍寺を慶州に建立したほか、仏国寺など多くの寺院が創建されました。

統一新羅室では、金銅製鎮壇具がぜひ見ておくべき作品です。**高麗室**では翡色がすばらしい青磁瓜形瓶をはじめ高麗青磁の瓶や香炉あるいは浄瓶に目を奪われてしまいます。なお陶磁器は三階にも優品が展示されています。高麗室を過ぎると朝鮮室、大韓民国へと続きます。なお中央廊下には、月光寺円明禅師塔碑や敬天寺十層塔が置かれています。

敬天寺十層石塔（国宝第八八号）

約一三・五ｍの雄壮な石塔で、石塔全体に仏、菩薩、四天王、羅漢、そして仏教説話的な内容が彫刻されています。一三四八年に建立された石塔で、元々は京畿道開豊郡光徳面チュンヨン里扶蘇山にありました。『高麗史』の記録によると、敬天寺は王室の忌日にしばしば追慕祭を行った場所で、王室の往来が盛んだった寺刹です。敬天寺が廃寺となった正確な年代は分かりませんが、二〇世紀初めにはすでに廃寺となっており石塔だけ残っていたようです。一部の文字が破損し摩耗していますが、石塔の第一層塔身石上方には建立年代と発願者、そして造成背景を知らせる銘文が残っています。銘文によると、石塔は一三四八年三月に建造され、発願者は大施主・姜融、大施主・高龍鳳、大化主・省空、施主・六怡でした。彼らは元の皇室および高麗の王室の安寧と国泰民安を祈願し、仏法が輝き、石塔建立の功徳で一斉衆生がみな成仏することを祈願しました。

敬天寺石塔には木造建築の柱と栱包、欄干と懸板がよく表現されており、とくに瓦が精巧に表現された屋蓋石は、高麗時代の木造建築の姿を反映しています。全体構成を見ると、基壇部には仏法を守護する存在、すなわち下から獅子、龍、蓮花、小説『西遊記』の場面、そして羅漢が刻まれています。基壇部に刻まれた『西遊記』は、宋代に既に説話となった中国唐代の僧侶玄奘のインドへの求法行が、明代に小説として刊行されたものです。興味深いのは、基壇部のレリーフ二〇場面を考察すると、既に元代に明代の『西遊記』に使用された版画と似た場面が存在したことを確認できます。

『西遊記』の場面は、これを眺める仏教信者に、玄奘の求法行により功徳と悟りについての仏教的な教訓を伝え、『西遊記』の登場人物をして内部に安置された舎利を守護させるという意味で基壇部に刻んだものと推定されます。精巧な彫刻表現が可能だった理由は、伝統的な仏像や石塔の材質である花崗岩ではなく造形作業が容易な柔らかい材質の大理石を使ったからです。一九六〇年国立博物館の主導下で敬天寺十層石塔の壊れた部材が修理され、景福宮に建てられ、一九六二年国宝八六号に指定されました。しかし依然精密な保存処理が必要となり、一九九五年に石塔は再び解体され、文化財研究所で約一〇余年にわたって保存処理されました。二〇〇五年の国立中央博物館の再開館時に現在の展示室で再度組み立てられ、一〇〇余年ぶりにその勇壮な威容を現しました。

二階には、書籍、美術絵画、仏絵画、木漆工芸、寄贈文化財のコーナーがあります。このフロアでは半跏思惟像を見逃せないでしょう。

半跏思惟像

13.5mもある敬天寺十層石塔

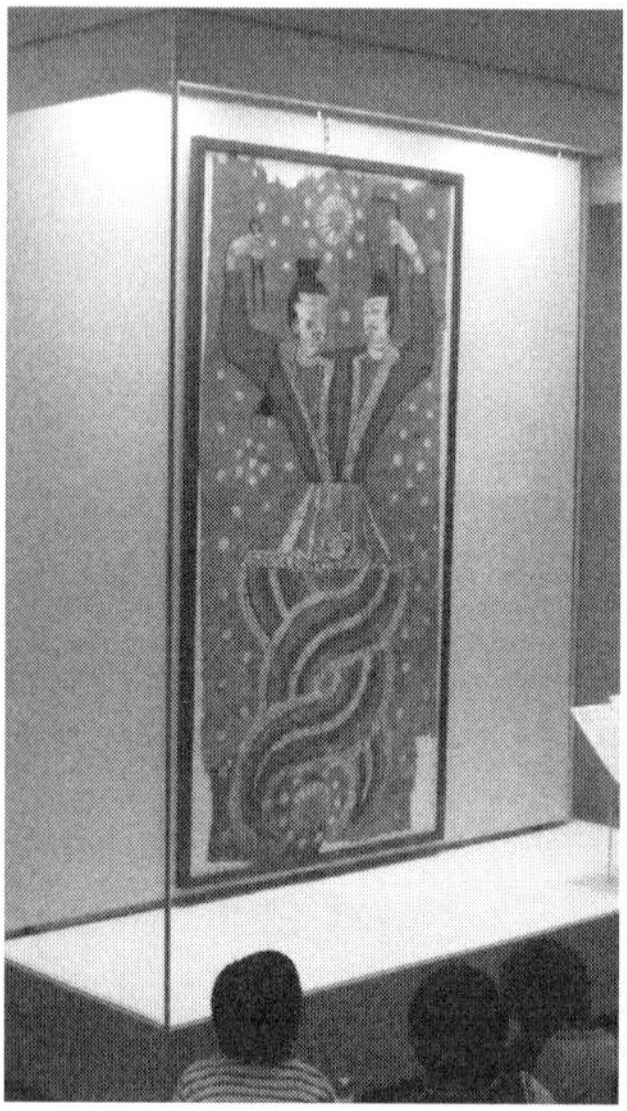

伏羲と女媧画像

新安の海中から発見された陶磁器

半跏思惟像（国宝第八一号・八二号）

半跏思惟像は、左側の膝上に右足を乗せた、いわゆる半跏の姿勢に右の頬に右指を若干当てて、まるで思惟するような姿勢をとっています。このような形式の仏像は、人間の生老病死に悩み瞑想にふけるシッダールタ太子の姿にもとづくもので、インドのガンダーラや中国南北朝時代の仏伝レリーフのなかでしばしば登場します。中国で半跏思惟像は五～六世紀に作られ、「太子像」「思惟像」「龍樹像」などの名称で記録されています。韓国には六～七世紀に大きく流行し、一般的に弥勒（未来の仏）と見られます。韓国の半跏思惟像は、その後日本の飛鳥・白鳳時代の半跏思惟像に影響を及ぼしました。このほか小型の金銅半跏思惟像も見逃せないでしょう。

三階には、メインホール側から白磁、粉青沙器、青磁、金属工芸、仏教彫刻、絵画と展示が続き、反対側はアジア室（日本、中国、中央アジア、インド、東南アジア）、新安海中文化室です。

アジア室の中央アジアコーナーにある創造の神、伏羲と女媧画像は、日本の大谷探検隊がシルクロード探検からもたらしたものの一つです。

一九七五年七月、木浦に近い新安の沖合で漁船の網に数点の陶磁器が引っかかったことから沈没船の存在が明らかになりました。調査の結果、十四世紀前半ごろ中国から日本への途上に海難事故によって沈没したと考えられ、宋、元の青磁、白磁、黒釉陶器などの大量の陶磁器をはじめ金属製品や銅銭、さらには日本の陶磁器なども見つかっています。これらの一部が新安海中文化室で展示されています。

寄贈品室は、李洪根寄贈、金宗学寄贈、劉康列寄贈、朴永淑寄贈、崔永道寄贈、金子量重寄贈、柳昌宗寄贈、八馬理寄贈、井内功寄贈ほかの寄贈文化財から構成されています。

✻大韓民国歴史博物館《テハンミングツヨクサパンムルグアン》　（ソウル特別市鍾路区世宗通り198）

景福宮の正門である光化門にほぼ近接している八階建てのビルが大韓民国歴史博物館です。韓国の発展の歴史を後世に伝えるためにつくられた施設で、四つの常設展示室と二つの企画展示室のほかセミナー室やカフェもあります。エスカレーターで三階にのぼると常設展示室1です。「大韓民国の胎動」がテーマで、朝鮮が世界に門戸を開いた一八七〇年代から大韓帝国、日本統治時代を経て一九四五年の光復（独立）に到る歴史が学べます。四階の常設展示室2は「大韓民国の基礎の確立」がテーマで、一九四八年の総選挙、大韓民国憲法制定、そして韓国史上に大きな爪痕を遺した一九五〇年からの朝鮮戦争について様々な資料、ジオラマ、写真パネルで解説しています。

朝鮮戦争時のエピソードとして「メレディス・ビクトリー号の奇跡」が紹介されています。釜山からジェット燃料三〇〇トンを満載した貨物船メレディス・ビクトリー号が北朝鮮のフンナム港に着きました。この船は乗組員四七名、乗客一三名、合計五九名の輸送能力がありました。退却してきた米軍にはジェット燃料は不要で、兵士をこの船で南朝鮮へ運ぶことが急務でした。ところが、港には一〇万人を超える避難民が震えているのを見て米軍将校たちは困惑していました。そこでラルー船長は決断します。五つの船倉と甲板に立錐の余地のないほど民衆を詰め込んだのです。その数一万五千名と言われています。釜山までの航海は極寒のうえ、機雷が漂っている日本海を三〇〇トンの燃料を満載したまま進むのですからまさに死と隣り合わせでした。結局、予定していた釜山には入港できず、三〇キロ離れた巨済島に着きました。ラルー船長はこの功績で一九六〇年に米政府から勲章をもらっています。

大韓民国歴史博物館

歴史に関する博物館

アメリカ車のジープと国産車

国産車の登場

国旗の制定

映画館のジオラマ

第二展示室の展示は「一九五三年の休戦後の国を立て直していく過程」です。その過程で生み出された一例としてシーバル自動車があります。これは米軍のジープの部品とドラム缶を加工した車体を組み合わせて作った自動車です。一九六〇年の四・一九革命によって李承晩大統領が失脚し、翌一九六一年には軍事革命が勃発します。

五階の常設展示室3は「一九六一年〜一九八七年の韓国の成長と発展」がテーマで、国産第一号のポニーという名称の乗用車が紹介されています。常設展示室4は「一九八七年以降現在に至る経済成長の過程や民主主義発展のための取り組み」について紹介しています。さらに韓国人の生活がどのように変化してきたのかを様々な社会文化現象から学べるようになっています。

✽石造殿《ソツチヨジヨン》 大韓帝国歴史館《テハンチエグツヨクサグアン》 （ソウル特別市中区貞洞5 徳寿宮内）

二〇一四年一〇月に大韓帝国の遺品を展示する施設として徳寿宮の中にオープンした博物館です。

この建物は、上海で活躍していたイギリス人建築家ハーディングが設計したもので、朝鮮王朝第二七代王、初代大韓帝国皇帝高宗が執務と外賓との接見を目的に一九〇九年に竣工しました。一九一一年から一九二二年までは高宗の息子で大韓帝国の皇太子英親王の臨時宿所に、一九三三年から一九四五年までは徳寿宮美術館・李王家美術館として使用され、そして一九五五年から二〇〇四年までは宮中遺物展示館として使用されました。二〇〇九年から長い間復元工事が行われ二〇一四年にリニューアルオープンしました。

石造殿 大韓帝国歴史館(右側の建物)

石造殿という名からもわかるように花崗岩でできた新古典主義様式の三階建ての建物です。イオニア式の柱がずらりと並び、中央の三角部分の花の彫刻は大韓帝国の紋章です。この花はすもも（韓国語ではオヤッコッ）です。建物の中は一八世紀のフランス貴族の間で流行したロココスタイルです。大韓帝国皇帝の接見室や皇室の生活空間が再現され、パネルや映像などの展示もあります。石造殿での重要な歴史的事件は、一九四六年一月一六日、日本の植民地支配から解放された朝鮮半島の将来を論議するための米ソ共同委員会の最初の予備会談がここで開かれ、韓国の信託統治と臨時政府樹立などが話し合われました。

石造殿は二つの建物で構成され、渡り廊下でつながっています。東館が大韓帝国歴史館、西館が国立現代美術館徳寿宮館です。

✻ソウル歴史博物館《ソウルヨクサパンムルグアン》　（ソウル特別市鍾路区新門路2街2）

一九八五年にソウル高等学校が移転した慶熙宮の跡地のうち発掘調査で遺構が確認されなかった土地に六四一億ウオンという巨費を投じて、二〇〇二年二月にオープンした博物館です。

建物は地上三階地下一階建て、延べ床面積約二万㎡で、一階は企画展示室、寄贈遺物展示室、ミュージアムショップ、インフォメーションスペース、二階は事務スペース、コーヒーショップで、三階が常設展示室になっています。

展示は、朝鮮時代から現在に至るソウル六〇〇年の姿を示しています。

ソウル歴史博物館

ロビー

展示室

展示室

店先のジオラマ

年代順の展示

開発のイメージ展示

団地の生活

都市模型映像館

第一ゾーン「朝鮮時代のソウル―王都を興す」（一三九二～一八六三年）では、一三九四年に朝鮮の初代国王太祖が漢陽（ソウルの旧名）に王都を構えてから開港以前までのソウルについて展示しています。『東輿図』『朝鮮八道古今総覧図』『首善全図』など王都の絵図などが多数展示されています。「漢陽の人々」では、当時の住民登録証である号牌が紹介されています。沈宣豊の号牌は六・八五×三・二㎝の大きさで、一八二七年に製作されたものです。自身の生まれた年、科挙に合格した年、官職についた年が干支で記されています。号牌は一六歳以上の男性に発給され、身分と階級によって牌の材質が異なっていたそうです。ちなみにこの人物の号牌は象牙で造られています。彼は一八八七年に八三歳で正二品漢城府判尹に任じられています。

このあたりは光化門から広がる街で、国の中枢機関が集中していました。また、朝鮮一の繁華街の五雲従街もあり、市場としても繁栄していた場所です。そのような町の様子がジオラマで再現されています。また朝鮮時代の男性の生活空間「舎廊房」、女性の生活空間「内房」の実寸大のジオラマもあります。このほか漢陽の城内外の様子を示した展示もあります。

次は第二ゾーン「開港、大韓帝国期のソウル―伝統に基づき皇都を夢見る」（一八六三～一九一〇年）です。一八六五年、王都としての面目を一新するため壬辰倭乱で焼失したまま放置されていた景福宮の再建が決まりました。一八七五年に始まった再建事業には七年の歳月が費やされ、四大門をつなぐ城壁の修築、および東大門なども補修され、景福宮は再び皇都の中心となりました。

一八九七年高宗は国号を「大韓帝国」に改め年号を光武としました。即位すると、皇帝の公服である一二章服の着用などを行いました。一八八二年に制定した大極旗は伝統的な象徴を近代的制度である国旗に取り入れた一例です。切手、勲章、銭貨、建築などには大極だけでなく皇室の象徴である李《すもも》の花（李華紋）や皇帝を象徴する鷹などの文様を取り入れています。

この時代の貞洞は、一八八三年に米国の公使館が置かれたのに始まり、イギリス、ロシア、フランス、ドイツ、イタリアなどの公使館が建てられ、外国人街として発展しました。一八九六年政府は「漢城内の道路幅を規定する件」を発表し、ソウルの中心路である鍾路などの道路整備に着手します。やがて鍾路には洋式の建物が増加していきました。「開花百景」では西洋式眼鏡、立体写真などが展示されています。「大韓帝国の漢城凋落」では、一九〇五年の日露戦争の影響などが解説されています。二月に日本軍がソウルに入城し、役所や民間の家屋などをすべて収用し、さらに高宗に対して第二次日韓協約の締結を強要します。これに対し一九〇七年ハーグの万国平和会議に使者を派遣し条約の無効を主張しますが、高宗は強制的に退位させられ、大韓帝国は滅亡しました。

第三ゾーン「植民地時代のソウル」（一九〇五～一九四五年）では、日韓併合以降の様子が展示されています。第四ゾーン「高度成長期のソウル」（一九四五～二〇〇二年）は、終戦から二〇〇二年までで、朝鮮戦争の廃墟から復興を遂げ巨大都市に発展したソウルについての展示です。一九七八年に入居が開始された江南の端草三胡アパートは典型的な団地です。ここに住むA氏宅は一九八一年から三〇数年間夫婦と息子さん、娘さんの四人暮らしでした。再建築で居住者が移転した後、内装材や生活財が寄贈され当時の生活の様子が再現されています。

第五ゾーンは「ソウル、今日そして明日」と題した都市模型映像館です。ここでは、ジオラマや映像でソウルの変遷を見ることができます。

聖水大橋の崩壊、三豊デパートの崩壊、アジア通貨危機など、多くのものが崩れていく中で三〇年間続いた国家主導の開発体制も崩壊してしまいます。そして文民政府のもと地方自治が実施され、「煙突のない新産業」が興り、首都圏は広域化し、地下鉄五～八号線の開通により、ソウルの交通アクセスは一層便利になりました。また、伝統を守る取り組みも行われました。二〇〇二年のワールドカップサッカーを契機として、蘭芝島ごみ埋め立て地には生態公園と新産業団地、デジタルメディアシティが造成されました。高架道路が撤去され清渓川には再び水が流れるようになりました。

ソウル歴史博物館には野外展示があります。これがなかなか面白いものが揃っています。二〇〇六年に解体された光化門のコンクリート門楼の部材、撤去された朝鮮総督府庁舎の部材をはじめ、一九三〇年代にソウル市内を走っていた路面電車第三八一号、鍾路の十字路に朝鮮時代前期に建てられ一九七二年に地下鉄工事によって発見された鐘楼の礎石群、墓の前に立てる文官の形の石像、市内の玄石洞で発掘された碑石など一六点の遺物が展示されています。

かつて走っていた路面電車(381号)

光化門のコンクリート門楼の部材

新聞博物館《シンムンパンムルグァン・プレシウム》（ソウル特別市鍾路区世宗路139　一民美術館５・６階）

この博物館は、東亜日報社が韓国の新聞の歴史を振り返り、ここから得た教訓を通じて未来を展望するために二〇〇〇年に開館しました。一八八三年に韓国で初めて発行された軍隊新聞「漢城旬報」に始まる一三〇年の韓国の新聞の歴史を見ることができます。現在の建物は一九二六年に建設され、一九九二年まで六六年間東亜日報を発行してきたところです。Presseum と表記されていますが、これは Press（言論）と Museum（博物館）の合成語だそうです。

博物館は一民美術館の五階と六階にあります。五階は新聞の歴史を振り返り、新聞の役割を考えるコーナーです。まず目に飛び込んでくるのが壁に飾られたたくさんの新聞です。二〇〇〇年一月一日の世界六六ヵ国の新聞が展示され、各国の文化的特性がわかります。「新聞の歴史」のコーナーでは、「漢城旬報」から現在に至るまでの各時代の新聞や、当時の社会状況などがわかる新聞紙面が展示されています。

「新聞と社会」のコーナーでは、新聞が社会を映し出す鏡のような存在であることを示す一面記事や号外が展示されています。また「記者の机」では、取材用メモや原稿用紙、腕章、カメラ、電話、服装などの展示から当時の記者の活動をうかがい知ることができます。「新聞と文化」では、新聞紙面がその時代の社会的、文化的特性を反映していることが示されています。紙面のタイトル一つをとっても、一番適したフォントや文字の配列などを考慮して選択し、最上のイメージを作るために努力してきたようすがわかります。また、広告、漫画、写真、小説などの構成と演出についての工夫と努力がわかります。

展示フロアの半分近くは新聞製作の工程を示すものになっています。活版の上にインクを塗ってその上に紙をのせて直接刷っていた初期の方法から、高速で回転する輪転機に丸い鉛版を取り付けて印刷する方

新聞記者の部屋

新聞の歴史展示

新聞の展示

新聞印刷の工程

法へと発展した過程、鉛の活字、木製のカメラ、紙型、輪転機など活版印刷時代の新聞がどのようにつくられたのかがよくわかります。

「東亜日報の歴史」では、一九二〇年四月の創刊からの九〇年余りの歴史が紹介されています。一九七四年から一九七五年にかけて、維新政権の圧力によって広告解約が相次ぎ、広告欄を白紙のままで新聞を発行したことなど、世界の言論史上例のない弾圧を受けたことも展示されています。

五階にはこのほか映像室があり、新聞と記者に関するアニメーションやドキュメンタリー映像を見ることができます。

六階は、映像メディアを通じて多様な新聞情報に接し、未来の新聞の形や特徴を想像する空間です。「メディア・ラウンジ」のコーナーではメディア・ウオールの映像を通じて世界各国の新聞の動向を見ながら様々な情報に接することができます。また新聞製作の体験ができるコーナーもあります。

✿敦義門博物館《トニムンパンムルグァン》（ソウル特別市鍾路区新門街2街）

朝鮮時代に都を守るためにつくられた四つの門の一つが敦義門（西大門）です。日本統治時代に撤去され跡地のみが残っていましたが、韓国の伝統家屋「韓屋」や日本統治時代の建物を改装してこの一帯が敦義門博物館村として生まれ変わりました。約三〇〇〇坪の広い敷地の中に敦義門博物館があります。二〇〇〇年代後半まで飲食店だった建物を活用し整備したものです。詳細をみていきましょう。

アジオ館（もとはイタリアンレストラン「アジオ」）の一階では、朝鮮時代

敦義門展示室

敦義門周辺地図

敦義門地域の歴史関連資料の展示

慶熙宮の発掘現場が遺された
遺構展示室

の敦義門一帯の様子、敦義門の内外で繰り広げられた人々の生活の風景を紹介しています。漢陽都城の西側の大門であった敦義門の歴史はもちろん、その内側の慶熙宮の姿を彩色された図で見ることができます。敦義門の外側の生活についてはその風景を描いた『京畿道監営図』の映像で紹介されています。また開港後から日本統治時代への過程も見ることができます。敦義門を通過していた路面電車のジオラマ模型は当時の急速な変化をよく表しています。二階は、橋南洞とセムンアン村の二つの町の記録と記憶の展示です。一九五〇年代から二〇一三年にかけてニュータウン建設に伴い撤去されるまでの橋南洞の姿と生まれ変わったセムンアン村の都市形成について展示しています。現地調査の記録をもとに復元した模型と映像でかつての橋南洞の姿を蘇らせています。

韓井館（もとは韓定食店「韓井」）の一階はセムンアン村の都市再生と写真ギャラリーです。現在の博物館村に生まれ変わる過程を撮影した写真がたくさん展示されています。とくに二〇一五年から二〇一七年までの毎日、一枚ずつ撮った村の写真が映像で紹介されています。二階はセムンアン村の人々の物語です。ソウル有数の学習塾密集地から食堂街に変わっていった村の物語がここにあります。路地にひしめく食堂街の様子も地図からよくわかります。

遺構展示室では、慶熙宮の発掘現場がそのまま残されています、ガラス板を通して宮域の遺構を真上から見ることができます。また日本統治時代の建物やオンドル、路地跡などが確認されています。

✻世宗物語展示館《セジョンイヤギ》（ソウル特別市鍾路区世宗大路地下175）

景福宮の正門にあたる光化門前の広場には、世宗大王と李舜臣（忠武公）の二人の銅像があります。そしてその地下に二人に関する展示館があります。「世宗物語展示館」と「忠武公（李舜臣）物語展示館」は同じフロアにあります。

世宗物語展示館への入口は三ヵ所あります。一つは世宗大王銅像の後ろにある扉から階段で地下へ降りて行きます。二つ目の入口は光化門広場の両側に、三つ目は世宗文化会館入口と向かい側の教保ビルやアメリカ大使館の間にある入口です。

ここでは訓民正音（ハングル）を創製したことで知られる朝鮮第四代王の世宗の業績と生涯が紹介されています。まず世宗の出生、家族構成、人格、趣

世宗物語展示館

世宗大王銅像

世宗大王の資料展示

味などを紹介し、次に人民を愛した世宗大王の愛民思想を解説するコーナーがあります。そしてハングルの創製過程と原理、ハングル文字で表現された古写本などが紹介されています。科学と芸術のコーナーは世宗の科学・芸術分野での業績の紹介です。日時計や天文図、さらには編鐘などの伝統楽器の展示と鑑賞ができます。

軍事政策のコーナーでは、この時代に行われた対馬征伐や李満住討伐の紹介のほか、大王の時代に造られた矢の神機箭やそれを射る場面などが見られます。ハングルギャラリーは現代作家の作品の展示コーナーです。最後に世宗大王と李舜臣に関する書物を集めたハングル図書館があります。

✿忠武公《チュンムコン》（李舜臣《イスンシン》）物語《イヤギ》展示館　（ソウル特別市鍾路区世宗大路地下175）

世宗文化会館入口から入るのが順路としては最も便利です。世宗物語展示館と同じフロアにあります。忠武公とは死後に贈られた名前で、もともとは李舜臣です。

まず李舜臣の生涯から始まります。彼が遺した『乱中日記』や『武将及第教官』などが展示されています。

また忠武公という称号の意味についても解説があります。次は朝鮮の艦船のコーナーです。朝鮮時代の主力戦艦であった板屋船や世界最高の突撃船である亀甲船など壬辰倭乱（文禄・慶長の役）当時の朝鮮、日本、中国（明）の戦艦を紹介しています。ここでは中央に設置された亀甲船の内部の櫓漕ぎの再現ジオラマや水軍の武器などを見ることができます。「七年間の海戦史」のコーナーでは壬辰倭乱の歴史的背景や海戦の歴史、その後の朝鮮、中国、日本の変化が紹介され、さらに李舜臣将軍の作戦も紹介されています。

次に『乱中日記』原文が検索できる情報検索台があり、李舜臣の人間的な側面を知ることができます。さらに李舜臣のリーダーシップについて、海戦で使用された武器などの遺物を展示し、将軍に対する国内外からの評価を紹介しています。最後には３Ｄ映像によって臨場感ある戦場の雰囲気を感じ取ることができます。

亀甲船の模型

亀甲船の内部

武器と武具

✻京橋荘《キョンギョジャン》（ソウル特別市中区平洞108）

京橋荘は、朝鮮三大富豪の一人に数えられた崔昌学（一八九〇〜一九五九）が一九三八年に自分が住むつもりで建てた洋館でした。一五八四坪の二階建てで、ビリヤード台と理髪室、温水暖房施設まで完備された、当時としては豪邸でした。崔昌学は二〇代の頃、故郷の平北亀城で金鉱を見つけて以来、数十の金鉱を所有し「黄金鬼」と呼ばれるほど多くの金脈を掘り出した人物で、ゴールドラッシュが作り出した新興富豪でした。彼は当時の多くの資産家同様親日派でした。

一九四五年、崔昌学はこの家を独立運動家白凡金九に無償で渡しました。親日派からの素早い変わり身でしょうか。それまで長年亡命生活を送っていた白凡はこの家を執務室兼リビングとして使い、ここで臨時政府の会議を開き、信託統治反対布告令を発表し、自伝的日記である『白凡日誌』を書きました。

その後、この建物は大使館として使われましたが、一九六七年に高麗病院（現江北三星病院）に所有権が移り、病院の一部になりました。近年になって所有者の三星病院とソウル市によって京橋荘全体が修復されました。以下、代表的な部屋について紹介しておきます。

二階応接室は、一九四五年に中国から帰国した大韓民国臨時政府の首席白凡と駐米外交委員長の李承晩ら臨時政府の委員が会議を行った部屋です。その後も信託統治反対運動、南北自主統一の具体案を完成させるための臨時政府の国務委員会はここで持続的に開催されました。**建築原型展示室**は、臨時政府の時は浴室として使われていた空間で、床（タイル）や壁、天井、窓などに建築当時の原型が残っています。**大韓民国臨時政府金九主席居室（執務室）**は、白凡金九主席が普段の公務や面談に使用した部屋で、白凡金九は一九四九年六月二六日、陸軍少尉安斗熙に狙撃されて亡くなっています。今もその痕跡が残されています。

臨時政府要員宿舎は、一九四五年に帰還した大韓民国臨時政府要員と随行員が滞在した場所です。

なお当館のＨＰによると、現在は休館中で公開されていません。

京橋荘

会議室

応接室

白凡が暗殺された現場

✻水原博物館《スウォンパンムルグアン》（京畿道水原市霊通区蒼龍大路265）

水原博物館は水原歴史博物館と韓国書芸博物館から構成されています。ここでは歴史博物館について紹介しましょう。

博物館前には野外展示としてドルメン（支石墓）やキムチを漬け込むための甕（オンギ）、石臼などが置かれています。ドルメンは世界中に分布するもので、新石器時代から初期鉄器時代に見られる墳墓の形態です。基礎となる石を数個、埋葬地を囲うように配置し、その上に巨大な天井石を置くという形態をとっ

水原博物館

土器の展示

ています。野外展示の水原金谷山のドルメンは水原七宝山にあったもので、二〇〇九年に博物館に移築されました。

歴史博物館は約四九〇㎡の常設展示場です。入口を入ってすぐのケースには西湖スイゲンタナゴの化石が展示されています。西湖スイゲンタナゴは一九一三年に初めて報告された韓国特産種の魚で、水原西湖でのみ生息していた魚です。次に先史時代の土器、古代の遺物が続きますが、展示品はあまり多くありません。続いて朝鮮時代の公的な文書や絵図が展示され、科挙の試験の合格文書と思われるものもありました。

近現代のコーナーには一九六〇年前後の栄洞市場の通りが再現されています。また、列車の実物大のジオラマ、映画館、喫茶店、仕立屋、布地屋、魚屋、中央劇場、公設銭湯、そして水原カルビを全世界に広めるのに寄与した華春屋などのジオラマで過去の姿が再現されています。さらに、戦前戦後の風景の移り変わりが写真パネルで展示されており、一通り水原の歴史を知ることができました。

✻水原光教博物館《スウォングアンギョパンムルグアン》

（京畿道水原市霊通区光教路182）

水原光教は新しく開発整備された新興の市街地です。博物館は敷地面積約八五〇〇㎡、延面積約四〇〇〇㎡、地上二階、地下一階の建物です。一階と二階が展示室として使用されています。

展示室は、光教の歴史を示した「光教歴史文化室」、水原市へ多くの品々を寄贈した人々の遺物が展示してある「小崗閔寛植室」、そして「史芸李鍾學室」、「子供体験室」で構成されています。

光教歴史文化室では、光教の歴史、光教の由来、光教の生活と文化、光教の文化遺産のそれぞれコーナーがあり、新しい町が造成されるときに出土した土器や袷のチョゴリ、嘉暦八年の教旨などの古文書が展示されています。小崗閔寛植室では、国会議員を務めた閔寛植の生涯と活動、韓国スポーツと閔寛植、彼が出会った人物、映像室のコーナーから構成されており、趙五蓮選手が獲得したオリンピックメダルも展示されています。

史芸李鍾學室では、書誌学者李鍾學が収集した韓国の歴史資料が展示されています。日韓併合、李舜臣、独島などの関係資料が目を引きます。子供体験室は、幼児が展示テーマと関連する体験ができる空間です。例えば「私も考古学者」では発掘体験ができ、「独島よ、アンニョン」では独島の模型とそこに生息する生物が理解でき、「オリンピックで遊ぼう」は出場した選手となって体験できるコーナーです。

発掘調査ジオラマを見る子どもたち

水原光教博物館

✿京畿道博物館《キョンゴドパンムルグアン》 （京畿道龍仁市器興区上葛路６）

京畿道博物館は、京畿道の独特の文化遺産を調査、研究し、京畿道のアイデンティティを促進し、将来

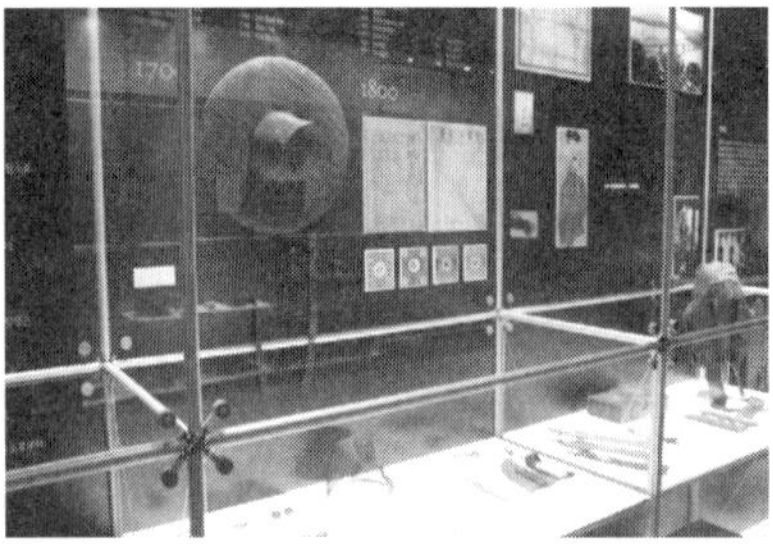

朝鮮時代の民俗展示

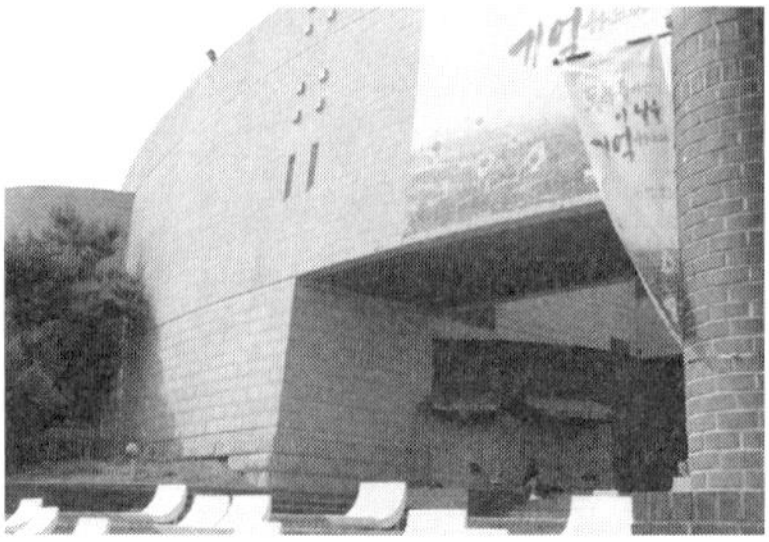

京畿道博物館

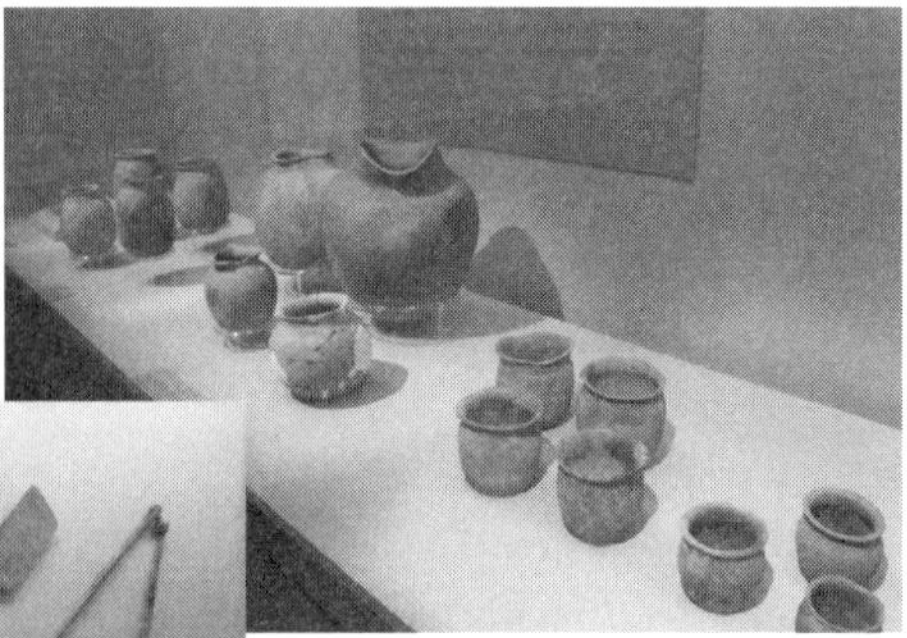

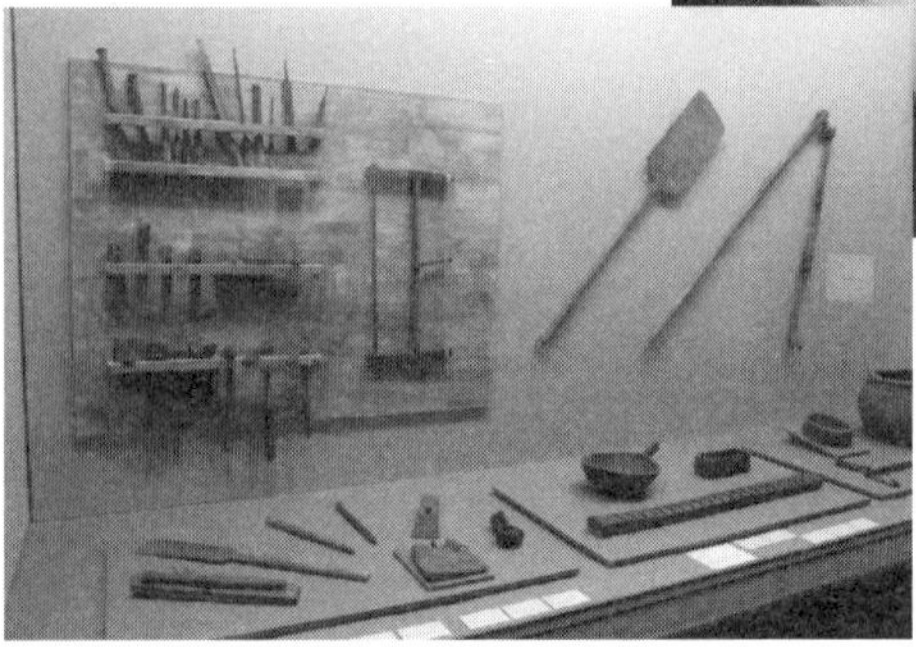

大工道具など

朝鮮時代の民俗展示

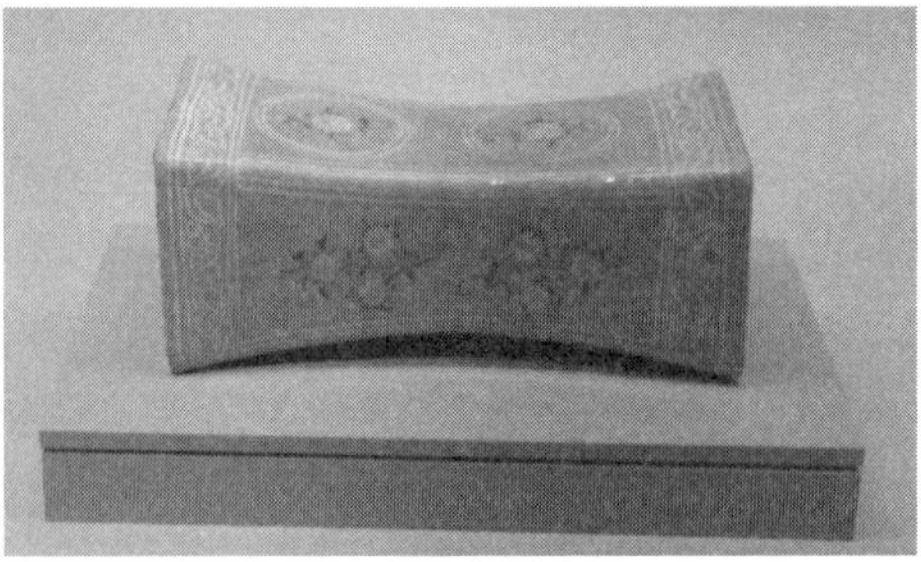

青磁の陶枕

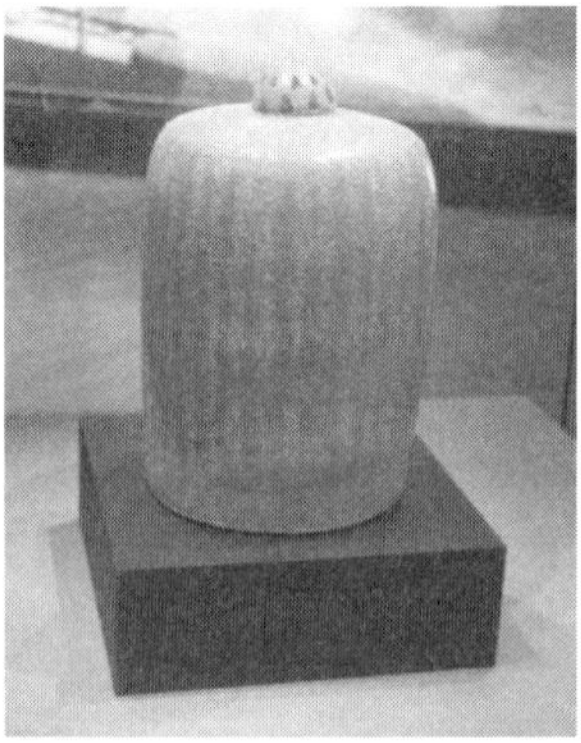

磁　器

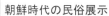

のビジョンを再確認することを目的に一九九六年に開館した博物館です。

一階には企画展示室、寄贈遺物室、民俗生活室、美術室、講堂、ブックカフェ等、二階には歴史室、考古美術室、文献資料室等があります。先史時代から朝鮮時代に至る書物、絵画、石器遺物、青銅器、鉄器遺物、金属工芸、陶磁器など、考古資料から美術工芸、歴史資料、民俗資料まで総合的に扱っています。

京畿道の歴史と文化を研究・探究するほか、学術研究報告や文化財の保護・管理、成人向けの博物館、文化遺産探検、小・中学校の子ども文化学校、文化映画上映などの文化的、教育的プログラムなどがあります。

✾韓国近現代史博物館《ングックンヒョンデサパンムルグァン》（京畿道坡州市炭県面法興里１６５２）

ソウルから自動車で約一時間、北朝鮮と国境を接する京畿道坡州市の一角にヘイリ芸術村があります。この一角に韓国の近現代史にスポットを当てた国内唯一のテーマ博物館があります。

訪れた日は秋夕という韓国では最も重要な旧盆行事の期間でしたが、幸いにも開館していました。公園墓地が近くにあるためか道路は大変な混雑でした。この道から少し入った場所がヘイリ芸術村です。ムラの入口にこの博物館がありま す。博物館の創始者が三〇年かけて収集した様々な収集品約七万点を展示・公開するために二〇〇五年に開館したそうです。

地上三階、地下一階の各フロアは幅一メートルにも満たない狭い階段や廊下が結んでおり、フロアごとに異なる時代の街並みを再現しています。日本の統治下の一九一〇年から四〇年代、朝鮮戦争が起こった一九五〇年代、戦後、全国民が

韓国近現代史博物館

タイムスリップしたような街並み

一致団結した一九七〇〜八〇年代までが対象で、実にリアルに復元されています。

入口を入ると五〇年はタイムスリップしたような気分になります。内部は細い道と階段が続き窮屈な印象を受けますが、それが何とも言えない雰囲気を醸し出しているのが不思議です。あらゆる種類の店先が復元されており、すれ違うのも大変です。店の中には丁寧に作られたマネキン人形が置かれ、まるで人が生活しているようです。学校の授業風景を再現したジオラマでは、先生の話を聞いているのは数人で、あとは勝手気ままに楽しんでいる様子が見られます。写真屋の中にはフィルムの写真機が置かれています。

最初は屋根の上から眺めるようになっていますが、階段を下りていくとジオラマによって暮らしのすみずみまで見えてきます。階段を再び上っていくと歴代大統領の写真や賞状がひしめくように置かれています。

韓国では済州島にも同じような博物館があります。済州島の博物館では平坦面に広がるジオラマでした

雑貨屋の店先

教室の授業風景

美容室

時計などさまざまな資料の展示

が、ここでは上下左右に重層的に広がるジオラマになっています。順路も狭く上下階に移動するので、見終わった時にはヘトヘトになってしまいましたが、手づくり感が何とも言えず、十分楽しめる内容でした。

考古遺跡と博物館

出土品を中心に展示している考古学関連の博物館はソウルとその周辺にはたくさんあります。また多くの移籍もあります。ここでは、発掘調査後が行われ、遺跡が整備保存され公開されているものを紹介していきます。

✾東大門《トンデムン》歴史文化公園遺構展示場

（ソウル特別市中区乙支路281）

この場所は日本統治時代は京城運動場（解放後に東大門運動場と改称）があったところです。二〇〇八年に東大門運動場が撤去され東大門デザインプラザ（ＤＳＰ）を建設する工事の際の発掘調査の結果、朝鮮時代の太祖、世宗時代に築造された漢陽都城と二間水門が運動場の地下から発見され、朝鮮後期の英祖の時期に築城された雉城の基礎部分も見つかりました。そのほか、朝鮮前期の首都防衛施設や集水施設、火薬・兵器の製造工場や作業工房の跡、朝鮮後期の訓練都監の分営である下都監の建物跡までなど各時代の遺構が発掘されました。二間水門、雉城、城壁は保存され復元展示し、朝鮮時代の建築構造や生活像がよくわかる遺構は、オウルリムスクウェアと遺構展示場1・2で復元展示しています。

■二間水門

南山から流れ出て都城の外で清渓川本流と合流する水流のために五間水門の南に造られた二間の水門です。高さ約一四m、幅三・三m、長さ約七・四mです。一九二五年の京城運動場建設の際にスタンドの基礎として使用するため壊されましたが、東大門運動場撤去中の二〇〇八年、良好な状態の遺構が大量に発見されたことから、水門の下方部分を復元し、上方は新たに積み上げられました。内側と外側はそれぞれ翼状の石築施設です。これは河川に沿って流れる水を誘導するためのものです。水門の内側には分水を容易にするため舟状の石築施設としました。

■城壁と雉城

朝鮮太祖時代、城壁の築造は自然石を粗く加工した後、石と石の間に小さな石を埋めていましたが、世宗の時代には長方形に加工した石を、下部は大きい長大な石材、上部にいくほど小さな石材という方法で築造しました。朝鮮後期の城壁は完全に規格化された正方形の石材がびっしりと嵌められ、壁面は垂直に近くなっています。雉城は城郭から外側に突出した構造で、城壁に接近してくる敵を効果的に防御、攻撃するための施設でした。

■オウルリムスクウェア遺構展示場

東大門野球場の地下で朝鮮時代前期の都城防御用の軍事施設の跡が十数棟確認されました。石垣には石組の段階で出入り施設を設置した付属施設の建物跡が残されています。ここでは粉青沙器と白磁など朝鮮時代の陶磁器が多数出土し、建物跡の下からは意図的に埋納した陶器の壺が出土し、その中には白磁二十八点が入っていました。この遺構群はデザインプラザのM建物の前にあるので、プラザ二階からよく見え

二間水門

東大門遺構
展示場1

オウルリムスクウェア遺構展示場

ます。

■東大門遺構展示場1

東大門サッカー場の下からは、二間水門など建物跡一〇ヵ所、集水施設二ヵ所、井戸跡四ヵ所などが確認されました。ここは朝鮮時代前期に兵器貯蔵庫とみられる建物や井戸や非常時の水を貯水するための護岸石を備えた集水施設が造成されました。出土遺物は、一五世紀の製作と考えられる粉青沙器と、青磁、白磁などです。

■東大門遺構展示場2

東大門野球場敷地から見つかった遺構群です。朝鮮時代の建物の基壇、基礎の裏込め施設と礎石、壁体を置くための裏込め施設などの遺構が確認され、かつての建築構造の変遷がわかります。また製鉄・製錬工房の跡、焼成遺構、作業場と廃棄場跡などがあり、当時の技術の状況がわかります。

✽東大門歴史館《トンデムンヨクサングァン》（ソウル特別市中区乙支路281）

東大門歴史文化公園の建設工事中に発掘された遺物を保存するために公園内に建設された施設です。合計二五七五件、二七七八点が朝鮮時代前期から近代までの各時代別土層から発見されました。

地上一階、地下一階の構造で、地下には収蔵庫や管理施設があり、地上階には展示室があります。入口を入ると正面に東大門歴史年表が掲げられてお

東大門歴史館

出土遺物の展示

り、一三九二年の朝鮮王朝建国から二〇〇九年の歴史館のオープンまでが見渡せます。出土遺物の展示コーナーではガラス面を通して外の遺構を見ることができます。さらに都城水系の展示、東大門運動場の土層探査の体験ができるコーナー、二間水門の３Ｄ復元映像の上映コーナー、遺構別遺物探検や発掘体験のコーナーがあります。

あまり広くはありませんが、様々な工夫を凝らした設備によって発掘された遺構、遺物を十分に楽しめるようになっています。

✤漢城百済博物館《ハンソンペクチェパンムルグァン》

（ソウル特別市松坡区慰礼城大路71　オリンピック公園内）

オリンピックがソウルで開かれたのは一九八八年。約一六万m^2の広大な敷地のオリンピック公園には、メイン競技場をはじめとする施設のほか百済住居址の展示館、夢村歴史館などの考古遺跡展示施設があります。

漢城百済博物館は、百済の歴史と文化の紹介を目的に二〇一二年に開館したソウル市立の博物館です。地上二階、地下二階の近代的な建物で、時代別に三つの展示室に別れています。展示の解説は韓国語と英語ですが、一部の遺物には日本語の解説も見られます。

まず地階へ降りていきましょう。地下のロビーには壁面いっぱいに幅四三m、高さ一一mの風納土城の城壁の断面の大型のジオラマがあり驚かされます。

プロローグ「歴史の中へ」では、ソウルを流れる漢江の歴史を時代を遡っ

漢城百済博物館

円筒土器

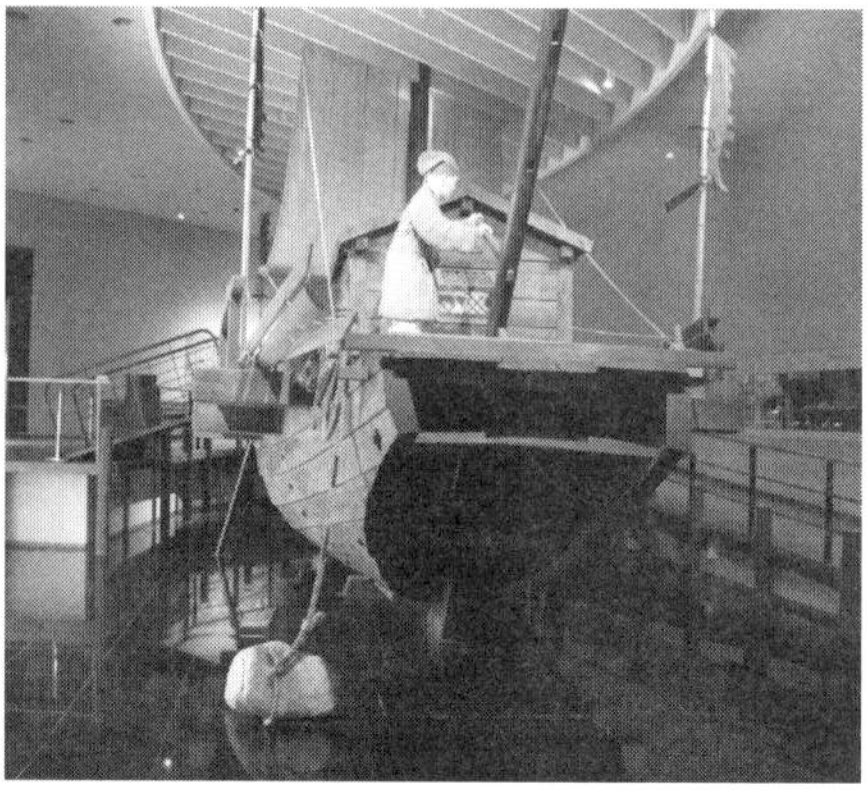

帆　船

さまざまな
出土品

風納土城の
ジオラマ

て紹介していきます。第一展示室のテーマは「ソウルの先史」です。旧石器時代から鉄器時代までを、漢江流域の遺跡から出土した遺物とジオラマによって描き、人々の生活と小国に過ぎなかった百済が大国へと成長していく過程を考えていきます。

一階の第二展示室は「百済の王都漢城」です。ここでは百済建国から五〇〇年の歴史をたどります。とくにここには百済漢城の南城・夢村土城と北城・風納土城から出土した土器などが展示されています。とくに日本で出土する須恵器の形状の古式段階に相当するものと似ているものが多く見られます。須恵器と陶質土器の比較を行いながら両者を興味深く見ることができます。またジオラマで二つの城の関係が理解できます。熊本県江田船山古墳出土遺物の金銅製の宝冠や飾り付き靴などとの共通性も見ることができます。

百済は海上での勢力を誇っていました。百済が栄えた時代のかなり大型の模型も置かれています。マネキン人形が百済時代の衣装を着用して並べられています。とくに色彩が豊かな衣装は身分の高い人でしょうか。

第三展示室は「三国の角逐」がテーマです。漢江流域で繰り広げられた百済、高句麗、新羅の三国による戦いを紹介しています。高句麗、新羅に攻撃され、公州、扶余と根拠地を移動しながらも発展し続けた百済の文化について紹介しています。

これら常設展示とは別に地下一階には、漢城陥落後の百済に関するパズルコーナー、軒丸瓦を用いた模型、デジタル機器を用いて各時代の生活を体験できるコーナーなどがあり、十分に楽しめるように工夫されています。

なお館内の案内パンフレットも韓国語のほか英語、中国語に加えて日本語が用意されています。

✻夢村土城（ソウル特別市松坡区慰礼城大路71　オリンピック公園内）

夢村土城は、百済の漢城時代の王都遺跡です。百済の河南慰礼三城と推定される城の一つで、一九八〇年代初めにオリンピック競技場の造成地となり、六度の発掘調査が行われました。

城は標高三〇～五〇mの低い丘陵からなり、形状は南北に長い菱形で、東北には外城が取り囲んでいます。城壁は一部区間で版築技法が用いられ、基底部は幅三〇～五〇m、高さは一五～一七mで、周長は二二八m、城壁の外側には木柵、その外側に濠を設けています。濠は城外を流れる城内川とつながっています。風納土城とともに百済初期都城の一つです。

現状は平地に見えますが、本来は南漢山から延びる稜線の端に築かれた山城の一種とみられます。城壁の全長は二二八五m、高さは六～四〇mと差があることも特徴です。城壁の外側には木柵がめぐらされ、東、西、北には城内川が流れ、土城を取り囲む堀の役割を果たしています。また東北の城外にある丘陵には周囲二七〇mの外敵の侵入を防ぐための砦がありました。

この土城からは様々な百済時代の遺構と遺物が見つかっています。住居の跡や建物跡、保存用の穴などの遺構、数千点にも上る土器、中国から輸入した陶磁器、鎧の破片などの遺物が見つかっています。

「三国史記」によると、四七五年に三万人の高句麗の大軍がこの百済の王都を攻撃しました。高句麗軍はまず北の城を攻撃し、これを七日間で陥落させます。南の城にいた百済王は西へ逃亡しますが捕らえられ殺害されたと記録されています。この記録から、この地域には南北二つの城があったことがわかります。北城がソウル風納里城、南城が夢村城と考えられています。

夢村土城

現在夢村城は一部に木柵が建てられ、かつての姿を示していますが、その当時はさらに木柵が高かったともいわれています。

✻夢村歴史館《モクチョンヨクサングァン》（ソウル特別市松坡区松坡区慰礼城大路71　オリンピック公園内）

百済文化の代表的な遺跡、遺物を見ることができるこの博物館は一九九二年にオープンしました。岩寺洞の新石器時代の村、明逸洞、可楽洞、駅三洞の青銅器時代の住居跡、百済の都だった風納里、夢村土城、石村洞、芳荑洞の三国時代古墳群など、様々な文化の遺跡と遺物が展示されています。

展示室を見てみましょう。最初に目に入ってくるのはソウルの漢江周辺地図です。次いで岩寺洞、明逸洞などの住居のジオラマがあり、体験学習室１へと続きます。ここでソウルの先史文化と古代歴史の展示と続き、夢村土城の遺物のコーナーに入ります。さらに、ソウルの高句麗文化・新羅文化、古代東アジアの文化交流へと続き体験学習室２に入ります。屋外の体験場では地下から遺物を掘り出す体験もできます。

夢村歴史館

夢村土城

体験学習館

オリンピック公園には展示に重点を置いた漢城百済博物館がありますが、夢村歴史館は、子どもたちに、百済時代に思いをはせる体験学習機能を重視する博物館になっています。

✾百済住居址展示館（ソウル特別市松坡区慰礼城大路71　オリンピック公園内）

夢村土城の南側に竪穴住居址が見られる展示館があります。一九八三年～一九八九年に行われた発掘調査で四ヵ所の建物、一二ヵ所の住居跡、三〇ヵ所余りの貯蔵穴などが確認されました。これらの住居跡と貯蔵穴は標高二五m以上の高地帯に位置しており、その中から円筒形器台、高杯、三足器などの土器類と槍などの鉄製武器類、骨で造られた札甲などが検出されています。

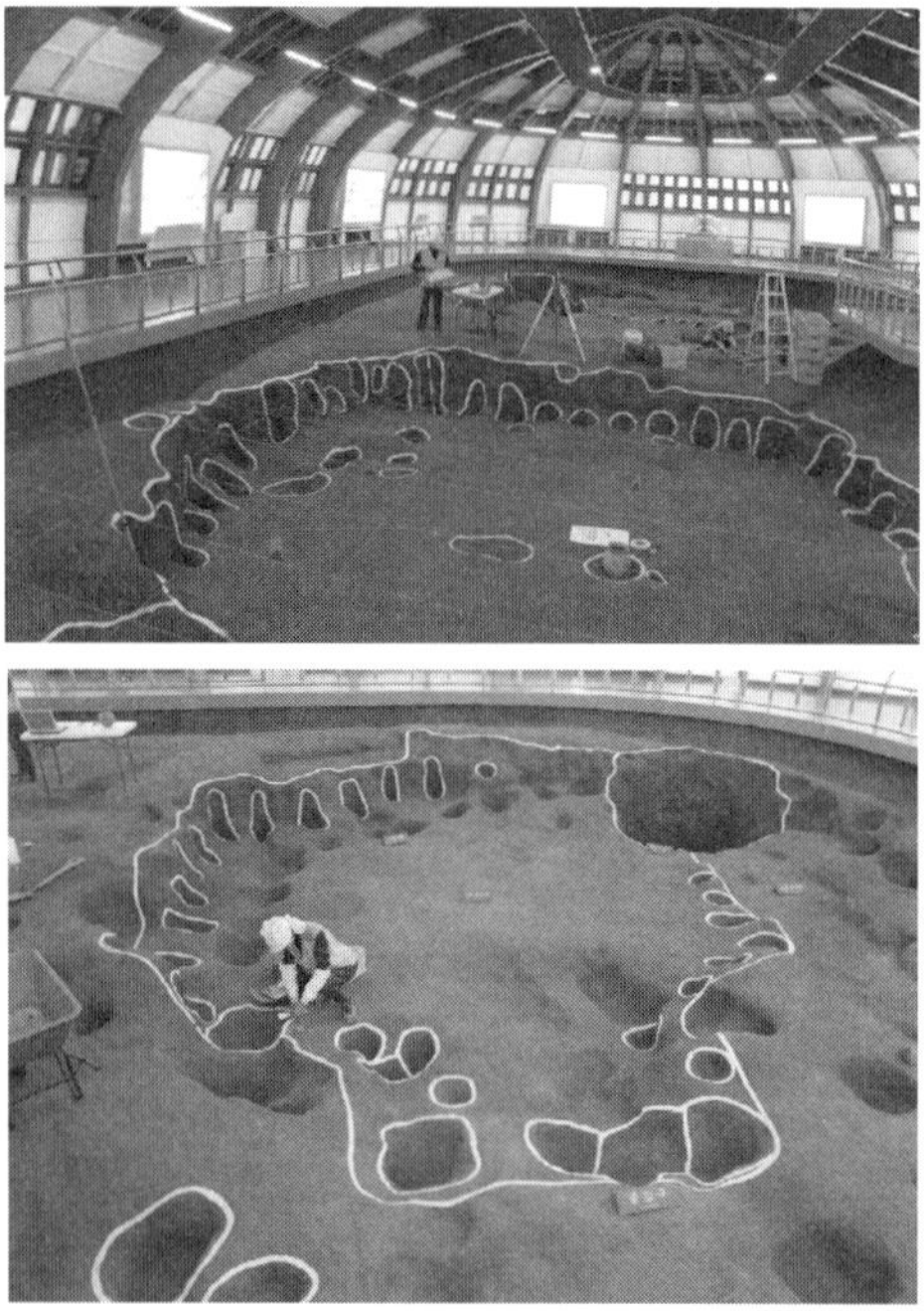

調査員が記録を取っている

ドーム状のこの展示館は四棟の住居跡を保存展示していますが、その内の三ヵ所の住居跡は平面六角形で南側に出入口の設備があり、内部には壁に沿って突き出された形の火鉢（炉）が設置されています。またこれらの遺構から復元された住居跡のジオラマ模型もあり、比較して眺めるとよく理解できます。展示はいずれも調査の最終段階を表しており、調査員二名が調査の記録

百済住居址展示館

をとるために働いていました。

✾風納土城（ソウル特別市松波区風納洞72番地1号、324番地1号他）

オリンピック公園から北に進んだ漢江沿岸の平地にある風納里土城は通称風納土城と呼ばれ、一九六四年の試掘調査で、百済時代初期の建造であることが明らかとなっています。一九六七年以降、城の内部、城壁の調査が数回にわたって行われました。現存する城壁の長さは二・二kmですが、もともとは三・五kmあったと考えられています。城壁には土と砂を交互につき固めて築く版築技法が用いられています。城壁の基底部は幅四三メートル、高さは一一mを超えます。城の内部からは住居や儀礼目的の建物などが多数発掘され、百済土器や鉄器が大量に出土しました。築造年代は三世紀頃と考えられ、高句麗の長寿王によって四七五年に陥落するまで風納土城が百済の首都として機能していました。

✾芳荑洞百済古墳群（ソウル特別市松坡区芳荑洞125番地、221番地）

標高約五〇mの低い丘陵の上に現在八基の古墳があります。一九七五年～一九七六年に調査された円形墳です。石室は地山の上に築かれ、加工した石で正方形や長方形に形成されているものですが、それぞれに細部に違いがあ

風納土城

ります。石室の天井はドーム状で、中には遺骸を安置した棺台を設置したものも見られます。内部からは青灰色硬質土器高杯や壺などが出土しています。発掘当時は百済時代のものと考えられていましたが、現在では統一新羅時代の古墳と考えられています。

✿石村洞百済初期積石塚
（ソウル特別市松坡区石村洞77番地）

一九一六年の調査当時、同地域には九〇基余りの積石塚と封土墳が分布していましたが、開発によって失われ、かろうじて残っていた三号、四号積石塚の二基が一九七四年に調査されました。これらの積石塚は、外見上は高句麗系の発達した基壇式積石塚ですが、内部構造が違います。三号は墓全体を石で築いた高句麗系の積石塚で、二号と四号は基壇と階段を石で築き、内部を土で充填するという百済式積石塚です。墓の内部や周辺部からは百済土器、瓦当、金製耳飾りなどが見つかっています。三号墳は底辺五〇m、高さ四・五mと巨大な規模で、四世紀後半頃の王陵と考えられています。

石村洞百済初期積石塚

石村洞百済初期積石塚

芳荑洞百済古墳群

✿岩寺洞遺跡（ソウル特別市江東区オリンピック路875）

櫛の歯のような模様の入ったピッサルムニ土器が使用された新石器時代（紀元前四〇〇〇年）の集落跡です。この遺跡は韓国中西部地域の新石器時代文化を代表するもので、その時代の生活を考える上で非常に重要なものです。

一九二五年の大洪水によってその存在が知られ、一九六七年から数回にわたって発掘調査が行われ、さまざまな形態の新石器時代の住居跡やピッサルムニ土器、石斧、石鏃、石製のすりこぎとすり鉢などが出土しました。この場所は、ソウル市によって先史遺跡公園として造成され、新石器時代の住居も九棟復元され、当時の生活をうかがい知ることのできる原始生活展示館も造られています。

岩寺洞遺跡

✿江華支石墓（仁川広域市江華郡河岾面富近里317）

仁川広域市江華郡の高麗山の麓一帯に一二〇基余の支石墓があります。高敞、和順地域の支石墓群とともに二〇〇〇年にユネスコ世界遺産に登録されました。長さ七・一m、高さ二・六m、幅五・五m、重さ八〇トンの韓国最大の北方式支石墓は、板石をテーブル状に架構した見事な構造がよくわかります。周辺は支石墓公園として整備され、いつでも見学できます。公園内には江華歴史博物館があり、入口付近には車椅子でも利用可能な公衆トイレや観光案内所が設置されています。

✻柳琴瓦当博物館　（ソウル特別市鍾路区彰義門路11）

ソウル市登録の専門博物館で、東アジアを中心とした地域の瓦当や中国の陶俑を多数所蔵しています。「柳琴」とはこの博物館の設立者夫婦の姓をとったものです。柳昌宗館長が長年にわたって収集してきた瓦当コレクションと琴基淑夫人の陶俑コレクションを合わせて博物館が設立されました。

所蔵品は、博物館の名前にあるように、朝鮮半島の各時代（高句麗、百済、古新羅、統一新羅、高麗、朝鮮）の瓦類を中心に、中国の各時代（五代～元、明～清）の各種瓦類があります。東アジア地域は華やかな文様を持つ瓦が古くから用いられてきましたが、瓦の模様や製作技術の変遷などが時代ごとに比較して見られるようになっています。瓦という一つの資料から近隣諸国間への文化伝播の過程がわかります。

柳琴瓦当博物館

もう一つの所蔵品の柱である陶俑は、単なる鑑賞品としてだけではなく、それぞれの時代の服飾の多様な様式や表現方法、製作方法や彩色といった様々な要素を通して、当時の芸術世界と社会、思想、宗教などを理解する重要な研究資料として活用されています。

民俗・暮らしに関する博物館

衣食住を中心に、生活にかかわる習俗・習慣、人生の通過儀礼などを対象とする民俗学と、広く世界の民族を対象とする民族学に関する博物館も紹介します。

✻国立民俗博物館《クンニツミンソクパンムルグアン》（ソウル特別市鍾路区三清路37）

景福宮の中にある国立民俗博物館の建物はかつて国立中央博物館として使われていましたが、一九九三年の国立中央博物館の移転にともない、その建物が国立民俗博物館となりました。

正門から博物館までの間にたくさんの野外展示が見られます。石像群には、トンジャソク（童子石）、ボクス、ムンインソク（文人石）などがあります。トンジャソク（童子石）は、陣に安置する神像、または墓の前にあった

国立民俗博物館

文人石（石像）の代わりとして立てた石像。ボクスは、村や寺院の入口に立てられ境界線を表示するとともに、トーテムポール・里程標としても使用され、守護神の役割をした民間信仰の象徴です。ムンインソク（文人石）は、死人を守るために墓の前に立てた石像です。

　博物館正面の手前の民家**梧村宅**《オチヨン》は、もともと慶尚北道盈徳郡寧海面元邱里にあった家屋を二〇一〇年に寄贈を受けて移築したものです。この家屋を解体する際に「道光弐拾捌戊申参月二日申時立柱上棟同日時」と棟上げ祭の時に梁に書かれた文章が発見され、一八四八年に建てられたことが確認されました。中央に中庭を構えたロの字形になっており、「アンチェ」と呼ばれる母屋と「サランチェ」と呼ばれる主人・客人用の居間が調和をなして連なっています。「アンマール」と「サラノンマル」と呼ばれる住居空間のほか、台所や収納スペース（納戸）として「トジャーンバン」と「ゴーバン」があります。裏庭には味噌・醤油などの甕を置くための高台、右側の庭には井戸、厠（便所）があります。朝鮮王朝時代後期の中上流層の伝統的な韓国式家屋の様子がよくわかる邸宅です。

　博物館内に入ってみましょう。第一展示室「韓民族の生活史」では生活史の年表が先史時代から現代まで立体的に掲げられています。先史時代の集落のジオラマ模型があり、次いで整然と区画された古代の市街地のジオラマが置かれています。さらに行くと測雨器と立方体の石材に刻まれた雨量計が展示されています。美しい朝鮮陶磁、木版本の版木や製本された冊子を見ながら進むと、近代の人々が暮らした居間のジオラマセットがあります。タンスやテレビ、ミシンなどを揃えた居間、台所には冷蔵庫やかまども備えられています。

　続いて第二展示室は「韓国の人々の日常生活」です。春には水田の耕作があり、足踏み水車や牛耕の農具などのほか、昼食時の食器などが並びます。壁面には宴会をする様子のイラストが描かれています。織物のコーナーでは織機や布地が置かれ、さらに服飾品や机などの木製品も見られます。韓国の民俗芸能の

民家梧村宅

石仏の野外展示

さまざまな農具

山の道具

輿

コーナーでは、祭礼などの行事に用いられる仮面が面白おかしく描かれたイラストが掲げられています。秋の稲作収穫時に使われた千歯扱きや鎌なども展示されています。庭先にキムチを漬け込んだオンギを置いたごく普通の一般家庭のジオラマがあります。次に賑やかにキムチを漬け込む風景のジオラマがあります。白菜やトウガラシなどの材料が置かれ、頭に手拭いを被った女性たちがキムチを漬け込む準備を進めています。その横では子供が試食しています。このように賑やかな一方で手持ちぶたさに端っこに座る白いひげの老人も微笑ましい光景です。

　第三展示室「韓国人の一生」には、重要な通過儀礼である結婚式のジオラマがあります。「家系と相続」では、朝鮮時代、儒教の「孝」という家族倫理は最も重要な社会的規範とされました。父から息子に

婚礼風景

葬送儀礼

喪葬儀礼の服装

伝えられる家系の継承は子供にとっては当然な道理であって、三年喪と先祖の祭祀はこれ以上ない「孝」でした。家長は家系の継承のために祭祀と財産を長男に伝え、続譜には家系と親族関係が明記されました。主婦は家の女主人として家事を担当し「吉祥紋様」を入れた衣服や装身具をつくって家族の平安を祈願しました。

朝鮮時代は厳しい身分社会でした。先祖の功績で官職につくこともありましたが、科挙試験に合格して官職につくことが最も望ましい出世のあり方とされていました。学問を崇めた儒教社会では文官は武官よりも優遇されたのです。つまり文官としての出世は個人の社会的な成功であるとともに一族の光栄でもありました。

「治療」では、病気になった時に薬房で治療を受ける様子が見られます。薬房では中国の医学書を参考にして治療をしていましたが、許浚の『東医宝鑑』が普及してからは、症状に応じて針を打ったり灸をすえたり、調剤した薬を患者に飲ませたりして病気を治しました。それでも治らない場合にはグッ（シャーマニズムの儀式）や呪符のような超自然的な呪術の力を借りて病気の予防や治療をしようとしました。

このほか娯楽や音楽のコーナーでは将棋や琴、笛、太鼓などが並べられています。民俗資料の展示は、見慣れた身近なものが多いため退屈な印象を与えがちですが、この博物館は十分楽しめる内容です。

✿ロッテワールド民俗博物館《ロッテウォルドゥミンソクパンムルグァン》（ソウル特別市松坡区蚕室洞40）

韓国を代表する大型ショッピングセンター、アミューズメントセンター

民俗博物館の入口

慶州の仏国寺石窟庵

景福宮前の国王即位式のジオラマ

景福宮のジオラマ

各時代の服装

安岳古墳の彩色人物壁画

庶民の暮らしのジオラマ

として有名なロッテワールドの中に、古代から近代までを再現した民俗博物館があります。一九八九年に開館したこの施設は約三〇〇〇坪という広大な空間に、歴史展示のほか模型村、朝鮮時代の町並みを再現した食堂街などユニークな構成になっています。展示解説は英語、日本語、中国語、韓国語の四ヵ国語で表記されています。

入口に恐竜のジオラマが置かれています。肉付きの良い体型のものと骨格のみの模型です。これを見ると、この博物館が子供向きの施設であることがよくわかります。次に人類の進化がジオラマで示され、韓国内での発掘調査の成果を写真パネルや出土遺物で展示しています。これは普通の歴史博物館と同じです。

洞窟生活や狩猟生活のジオラマでは比較的大型の動物を石器などで狩猟する風景が復元されていますが、この展示にはやや無理があるようにも思えます。続いて農耕、漁労生活と進んでいきます。

韓国では櫛文土器の時代がこの期間に相当するようです。竪穴住居、新石器文化、青銅器製作へと変化します。ここでは多紐細文鏡三面をはじめ石剣や石包丁などの遺物、岩に刻まれた当時の絵画などもあります。やがて「三国時代の朝鮮半島」に移ります。まず高句麗では安岳古墳の模型があり、この古墳に描かれていた彩色人物壁画が鮮やかに再現されています。百済では、石仏や定林寺の復元模型があります。武寧王陵内部の復元ジオラマや埋葬儀礼の再現などの展示が続きます。磨崖三尊仏の復元品もあり、百済の仏教文化のすばらしさの一端を見せてくれます。

次は伽耶です。半島南部にあった小国群の総称なのですが、日本では任那《みまな》とも呼ばれていました。任那は日本とは関連の深い地域です。鉄製の仮面のような馬冑をつけた馬に乗る挂甲を着用した武人、騎馬像があります。これと同様の馬冑が和歌山県大谷古墳などで出土しており、その関連が注目されています。

伽耶土器も特徴的な形のものが集められています。

次に新羅です。人々の暮らしぶりのジオラマをはじめ新羅土器や青銅器が展示されています。ここでは土器焼成に用いられた窯の調査風景を三国時代、統一新羅時代と比較できるように写真パネルが掲げられています。さらに慶州地域の王陵地区で出土した金銅の冠をはじめ多数の豪華な装飾品の展示も見られます。圧巻は石窟庵のジオラマでしょう。石仏の前で礼拝する僧侶は臨場感たっぷりです。新羅の善徳女王について触れた「三国遺事」の内容から復元される当時のジオラマも迫力があります。

時代が新しくなり高麗時代では、当時の生活を復元したジオラマや高麗青磁の展示があります。とくに青磁の製作工程を丁寧に復元したジオラマは素晴らしいものです。

朝鮮王朝時代の生活様式を八分の一に縮小して復元製作された模型村です。王宮をはじめ庶民の生活風景まで精巧なジオラマ模型で表現されています。ここだけでも十分に時間をかけて楽しめます。

北村文化センター

最後は、日本統治時代や戦後間もない頃の庶民生活のジオラマが続きます。

✽北村文化センター《ブッチョンムナセント》（ソウル特別市鍾路区桂洞105番地）

北村は景福宮と昌徳宮の間にある地区です。朝鮮時代は政治、行政、文化の中心地であり、王族や高位高官だけが居住を許された高級住居地区でもあったのです。清渓川と鍾路の上（北）の方の村という意味で「北村」と名付けられたそうで、この地区には至るところに韓国固有の家屋「韓屋」が当時のままに残されており、ソウル唯一の韓屋密集地域です。一帯が博物館と言ってよいほど数多くの史跡や文化財が残っています。

北村文化センターは、北村の歴史と文化的特性を伝える広報展示室、各種伝統文化を体験できる住民文化センター、事務棟、亭子《チョンジャ》（あずまや）、付属室など五棟で構成されています。敷地は二一一坪、延べ面積は七二坪あります。この建物群は、李朝末期に秘書院（朝鮮時代に王命の出納と記録を担当した官庁）の秘書丞（朝鮮時代の官職）と度支部（朝鮮時代に政府の財務を総括した機関）の財務官を務めたミン・ヒョンギの外孫、ミン・キョンフィ氏の家でした。それをソウル市が韓屋保存・再生の目的で買い取り、文化施設としたものです。

広報展示室では北村六〇〇年の歴史や伝統を受け継ぐ人々、北村の過去、現代、未来などが美しいカラー写真でパネル展示されています。訪問時、住民文化センターでは伝統文化を体験できる催しが行われていました。日本語のパンフレットも用意されています。

✽北村生活史博物館《プッチョンセンファルサパンムルグァン》（ソウル特別市鍾路区三清洞35）

なだらかな坂道を登ると、眼下に北村の街並みが見渡せる場所に出ます。そのほぼ最高所に近い道沿いにこの博物館はあります。普通の民家で、二〇〇三年にオープンした私立の博物館です。看板が出ていないと見過ごしてしまうでしょう。入口で料金を支払って展示室へ向かいます。門外にも石製品が置かれ、階段の両側には民具が並べられているのでどこから展示が始まっているのか首をかしげたくなるほど雑然としています。階段を上り詰めて左手の建物の中に入ります。部屋は三つあり壁で仕切られていますが開放的です。室内には螺鈿細工の豪華なタンスや古い食器棚、薬研臼など薬をつくる道具や薬棚、農耕具、キムチを漬け込むための壺、甕などのオンギ類、布織物や服飾品など多種多様なものが集められています。

北村生活史博物館

螺鈿細工の豪華なタンス

居　間

前庭に置かれている民具

✽草田繊維キルト博物館《チョジョンソンユキルトパンムルグァン》（ソウル特別市中区南山洞1）

朝鮮王朝時代の宮中衣装と伝統刺繍および韓国のパッチワークといわれるポジャギ、チョガッポをはじめ、伝統工芸作品、海外のキルト、パッチワーク作品を収集、展示している博物館です。一九九八年に開館しました。

展示室の入口の左右に韓服をまとった人形が置かれ、左手には韓国女性が着用するチマチョゴリが並べられています。子供用から大人用まで様々なものを見ることができます。次

草田繊維キルト博物館

韓服などの展示

幼児用のチマチョゴリ

キルト、パッチワーク

いで、風呂敷、パッチワークの布があり、奥の展示室には左右の壁面にキルト製品が展示されています。

韓国伝統のパッチワークであるポジャギは、モノを包んだりかぶせて覆ったりするための風呂敷です。日常生活から婚礼などの儀式に至るまで幅広く使われてきました。女性たちの手で一針一針丹精込めて作られたポジャギで物を包むのは「福を包み込む」という縁起の良い行為であるとされています。

ポジャギは、宮廷で用いられていた宮褓《クンポ》と庶民の民褓《ミンポ》に分けられます。民褓は仕立て方によって名称が異なり、様々な絹布を縫い合わせ一枚布にしたチョガッポや刺繍を施した刺褓《スポ》、油紙で作ったお膳かけの食紙褓《シッチポ》があります。

現在ポジャギとして制作・販売されているものの多くはチョガッポで中でもモシ（苧麻・からむし）といわれる麻や薄い絹布を使った一重仕立ての単褓《ホッポ》はカーテンなどインテリアとしても人気があります。布切れを組み合わせて作るパターンの美しさとともに、光に溶けるとまるでステンドグラスのような柔らかい色合いが魅力です。

鮮やかな色糸で華やかな模様を施した刺繍は韓国では古くから衣装などあらゆるものに利用されました。高麗時代には社会的地位や身分を示す手段としても活用されました。絹布を縫い合わせた「チョガッポ」、朝を使った一重仕立ての「単褓」、中央につまみがある「床褓」、四隅にむすびひもがついた「オッ褓」があります。また、刺繍は女性の手仕事として推奨され、庶民層から宮廷まで幅広く行われました。女性たちは刺繍を通じて品性を磨き、自身と家族の富や栄華を願いました。韓国の伝統刺繍は、糸を引き寄せて質感を生かしながら、模様の面の周りに同じ系統の色糸か金糸や銀糸などで飾り付け華やかさを強調させました。伝統衣装のチマチョゴリや枕の両側に刺繍入りのあて布をつけたペケンモをはじめ、座布団や箸ケースなど様々な日用品に長寿を象徴する亀や鶴、富貴を著す牡丹や蝶、福や寿などのおめでたい文字を刺繍しました。

✿トイレ博物館「解憂斎《ヘウジェ》」（京畿道水原市長安区梨木洞186）

この博物館の創始者の沈載徳は水原市長や国会議員を務めた人物で、水原市長在職時にトイレ文化改善運動に取り組み、国際機関でもある世界トイレ協会（ＷＴＡ）の初代会長になった人です。博物館の外形は上から見ると便器そのものです。

二〇〇二年のサッカーワールドカップ招致活動中にトイレの環境改善の必要性を痛感した沈載徳は、運動を世界的なトイレ文化キャンペーンに発展させ、韓国が中心となり二〇〇七年にトイレの専門国際機構世界トイレ協会（ＷＴＡ）創立総会をソウルで開いています。さらに沈載徳は、トイレの重要性を知ってもらうために自宅をトイレの形に改装して「解憂斎」と名付けました。お寺のトイレを解憂所というのが由来だそうです。沈載徳の死後の二〇〇九年、この自宅は遺族から水原市へ寄贈されました。市では故人の遺志に沿うようにリニューアルし博物館としてオープンしました。

一階は「トイレの歴史」と「トイレの科学」の二つのテーマです。「従来の便所と改良事業」、「トイレ文化キャンペーンのメッカ水原」、「トイレ文化キャンペーンの世界化」、「面白いトイレの話」、「ヘウジェの中のトイレ」、「世界の美しいトイレのために」のコーナーがあります。二〇一七年に日本から寄贈された磁器の便器が展示されています。陶磁器の便器は富裕層や寺院などで見かける

トイレ博物館「解憂斎」

野外展示

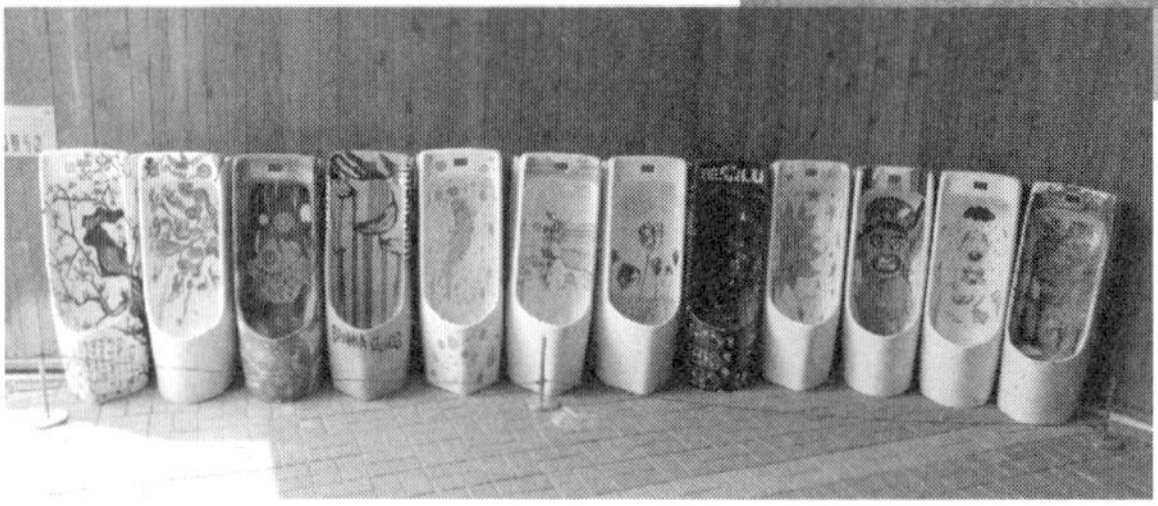

カラフルな
小便器

百済時代の便器

汲み取り作業

ものです。またガラスケースには中国、韓国、日本、ヨーロッパの女性用などがあり、いわゆる「オマル」として使用されたという陶磁器が展示されています。とくに表示がなければ美しい美術陶磁器として通用するものばかりです。

一階のフロア中央に「こだわりのトイレ」という洗面所のセットが置かれています。便器に座って用を足す時スイッチを押すと、ガラス窓にスモークがかかり外からは全く見えなくなるという優れものです。

二階では、一生を水原に捧げた水原っ子沈載徳の生涯に光をあて、世界に広がった彼の活動や夢を明らかにしています。「ミスター・トイレとヘウジェ（解憂斎）」、「沈載徳の生涯と活動」、「ミスター・トイレを追憶しながら」というテーマが続きます。

日本から寄贈された磁器の便器

館の外はトイレ文化公園が広がっており、様々な模型や銅像などが展示されています。百済・新羅時代、朝鮮時代など韓国の便器はもちろん、古代ローマの水洗便器や中世ヨーロッパの便器、現代前衛芸術家の作品まで多種多様です。例えば石材が二本並べられた新羅時代のトイレは紀元前五七年から九三五年の期間、高貴な婦人が使用したと解説されています。また三基並んだ百済時代の便器にも女性用という解説文がつけられています。

野外展示では道端で用を足す人物が多く展示されているコーナーがあります。ちょっと目をそむけたくもなりますが、やがて気恥ずかしさがマヒしてくるようです。ともあれ、排泄という自然の摂理にまじめに取り組んだ沈載徳氏はご立派の一語に尽きます。

✤キムチ博物館　（ソウル特別市鍾路区寛勲洞196　仁寺洞マル）

韓国を代表する漬け物キムチの専門博物館です。仁寺洞のショッピング、グルメ、文化などメイドインコリアのモノだけが集まる複合文化空間「仁寺洞マル」内に二〇一五年にオープンしました。仁寺洞のメインストリートから少し奥まったところに「マル」の建物があり、四、五、六階の三フロアに博物館が入っています。

博物館の受付は四階です。中央は五階まで吹き抜けで、高い天井にまで続く壁にはキムジャン（キムチ漬け）の製造過程の美しい映像が流されています。もう一方の壁面にはキムチを漬けるオンギの蓋が大小一八個張り付けられています。オンギが並んだ様子を空から見下ろしたところを表現しているというのですが、どうせなら本体の甕も並べておけばと思いますが……。申し訳程度に壁面下方に四個の染付と青磁のオンギが置かれていますが、蓋とセットになるものはなさそうです。このほか四階にはミュージアムショップ、キムチマダン、科学者の部屋などがあります。キムチマダンはタッチパネルのモニターでキムチづくりがわかる展示です。科学者の部屋では実験室を再現し、顕微鏡で乳酸菌を見ることもできます。

キムチロードと呼ばれる長い階段を上がると五階です。方形柱や円形柱の大小不揃いな瓶に入れて展示しているキムチウム（キムチ展示）は、密封しているとはいえ発酵している状態がよく見えるので、においが伝わってくるほど臨場感があります。このほかキムチ勉強室、カフェ「ディヒ」があります。

六階にはユネスコ人類無形文化遺産への献呈室、キムジャンマル（キムチ作り

キムチ博物館

キムチを漬けるオンギの蓋

陶器の壺

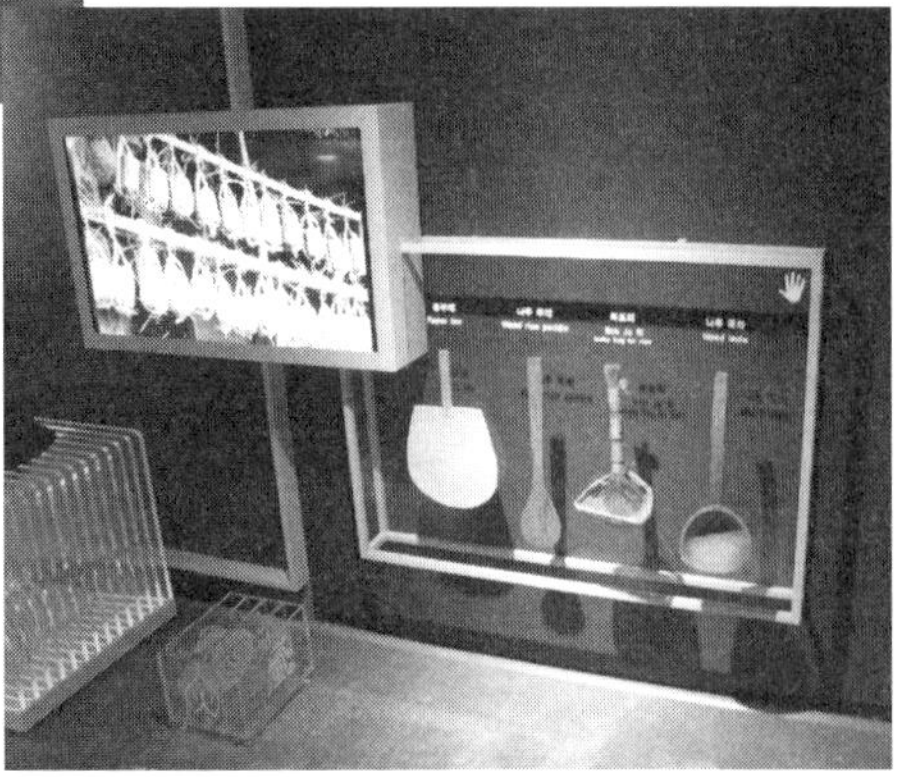

キムチ作りの道具

キムジャンマル
（キムチ作り体験場）

体験場）、キムチ工房（芸術体験）、キムチ試食室などがあります。キムジャンマルは体験学習ができる料理教室です。二人の女性が準備作業に忙しいようでした。キムチ試食室では何種類ものキムチが用意されており、自由に試食できるようになっています。キムチアーカイブというデジタル画面では、キムチに関する質問ができるようになっており、よりキムチが好きになると記述されています。ガラスケース内に葉キムチの容器が展示されています。慶尚道地方で使用されているギャブトクと呼ばれる重ね甕は、甕の肩に枠組みをし、夏場にキムチを作った後、水をかけ流しておくと、キムチのおいしさが長持ちするというものです。次は穀物や食品を入れて保管していた伽耶時代の土器です。このほか済州島の水甕や液体を汲み分けたり運ぶときに使われた耳付き水瓶、油、香辛料などを入れていた土器などが展示されています。

キムチ博物館は三〇年の歴史を持っており、二〇一五年三月にはアメリカの放送局ＣＮＮが選定した「世界11大食文化博物館」に韓国で唯一選ばれています。

✻オンギ民俗博物館（ソウル特別市道峰区市雙門洞638）

韓国の食卓には必ずキムチが何種類も並べられています。韓国の食文化にはキムチは不可欠なものといえるでしょう。キムチは各家庭で漬け込まれ、それぞれの家庭の味があるようです。キムチづくりに不可欠な陶器の壺・甕はオンギと呼ばれ、各地で生産され流通していたようです。このオンギを収集、展示している博物館がソウル市街地の近くにあります。一九一一年に高麗民族博物館として設立され、一九九四年に現在のオンギ民俗博物館となりました。延面積は六六〇㎡、所蔵品は二五〇〇点を擁するとのことです。

オンギ民俗博物館

民具の展示

キムチ用の民具

キムチ用オンギ

キムチを漬け込んだ甕

博物館は三階建の赤い煉瓦の外壁の建物で、とくに表示がなければ博物館とは気づかないでしょう。オンギ展示室、民俗展示室が館内にあり、野外に農具や石造品などが展示されています。オンギ展示室では火鉢や焼酎蒸留容器、キムチ用の甕など日常生活用のものや楽器として使用されたもの、さらには民間信仰に使用されたものなど約二〇〇〇点が展示されています。ろくろやヘラなどの道具も見ることができます。野外展示では、唐箕や千歯こき、荷物を運ぶための背負子などの農具やわらで編んだ籠などのほか石塔、石臼、さらにはキムチを漬け込んだ壺や甕が所狭しと置かれており、足の踏み場もないほどです。

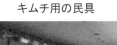

✿お餅博物館《トッパンブルグアン》（ソウル特別市鍾路区臥龍洞154）

昌徳宮からもほど近い所に韓国の伝統料理の一つであるお餅に特化した博物館があります。韓国伝統飲

お餅博物館の入口

お餅の料理

お餅の料理

お餅づくりの工程

食研究所ビルの二・三階にあるこの博物館は、かつての「餅と台所博物館」から名称変更して二〇〇八年にオープンしました。入口ではかわいい子供が杵を持って餅をついています。

餅にも様々な種類があるようで、ゆで餅、焼き餅、杵つき餅、蒸し餅などという調理法によって分類されています。蒸し餅の代表的なものとして松持があります。これは秋夕の行事には欠かせない餅です。餅つくりの道具では臼、杵のほか、餅の表面に型を押し付ける押し型、餅米の量を計る枡や秤も展示されています。いずれの餅のサンプルも色彩が豊かで、見るからに美味しそうでした。韓国では伝統行事の際には必ず餅料理が必要で、また人生の節目節目の儀礼行事でも餅が食べられるようです。

✾韓国民俗村《ハングクミンソクチョン》　（京畿道龍仁市器興区甫羅洞107）

一九七四年に開館した韓国民俗村は、韓国の民俗文化資料の収集・保管と内外の観光客に韓国の伝統文化を紹介するためにつくられた野外博物館です。村内は民俗村、商店街、遊び村、市場のゾーンに分けられています。約三〇万坪という広大な敷地に李朝後期の伝統家屋二六棟をはじめ約二七〇棟の家屋が復元され、衣食住を中心とする朝鮮半島の生活様式を総合的に理解できる展示が行われています。

また村内にある二〇の工房では陶磁器、箕、篭、竹器、木器、柳行李、韓紙、柳器、刺繍、組み紐、扇、楽器、祭道具などを実際に作る作業工程も見ることができます

ここでは世界民族館と伝統民俗館について紹介します。

■世界民族館

民俗村の入口から少し歩いて右手にある橋を渡ると世界民族館があります。二〇〇一年に開館したこの施設は九棟の常設展示室があります。五大洋と六大州で収集した三〇〇〇点余りの民族資料が集められ、各文化圏の衣食住、生業技術、文化芸術が紹介されています。

第一展示室のトルコから見ていきましょう。いかにもトルコ風の建物です。まず様々な農機具が壁面に飾られ、絨毯の織物も見られます。民族衣装を着たマネキン人形が卓を囲んで談笑しています。ここには食事のジオラマもあります。次は「アフガニスタン」です。テントのユルトと表示された住居が置かれています。壁面には派手な色調の民族衣装が掲げられています。男女と子供の衣装でしょう。食物の模型と食器がケース内で展示されています。革袋や刀などの武器の展示もあり、民族衣装も多種多様なものが置かれています。カラフルな陶器や絨毯などの織物もこの地域独特のものなのでしょうか。

第二展示室はモンゴルと中国です。モンゴルでは遊牧民独特のテントの住居が置かれ、民俗資料なども見ることができます。たくさんの帽子や仏像を描いたタンカと呼ばれる旗をはじめ楽器類、冬用の防寒着

韓国民俗村の入口

などが並んでいます。中国のコーナーでは兵馬俑の兵士や出土品のレプリカや故宮のジオラマ模型、さらに天井には提灯やタコが見られます。民族衣装ではウイグル族のものとみられるものが置かれていました。

第三展示室は日本のコーナーです。入口には何とも例えようのない大鳥居が置かれ、正面には姫路城のパネル写真があります。茶室のジオラマがあるのですが、ちょっと違うような気がします。雛人形や人形類が飾られていますが、飾りが一段抜けた状態です。食事のレプリカでは握り寿司、味噌汁、茶わん蒸し、貝汁、野菜サラダ、貝の酒蒸し、青菜が一つの膳に酒徳利、盃とともに盛られており、異様な印象を持ちました。また、新郎と新婦の衣装、正装姿のマネキン人形が置かれていました。このほか掛け軸、羽子板、陶磁器、鉄製品などが展示されています。

第四展示室はマレーシアです。多民族国家であることもあって民族衣装は多種多様なものが集められています。菅笠、面などの木彫作品とともに、食事ではサテーと呼ばれる焼き鳥の串刺しなどが置かれています。隣接するのはインドネシアです。この国も多くの島から構成されており、民族性豊かです。とくにトラジャ族の高床式住居は独特のもので、縮小模型が置かれています。

第五展示室はパプアニューギニアとオーストラリアです。パプアニューギニアはいまだ文明の及ばざる地域として注目されていますが、ここでも石器時代の生活を続けてきた民族の紹介が行われています。とくに木彫製品ではマジカルな文様や多彩な色遣いに驚かされます。オーストラリアについても先住民族の紹介が主たる展示内容でした。

第六展示室はアメリカとメキシコです。アメリカでは先住民のアメリカインディアンの紹介があり、メキシコでは色鮮やかな布地や独特の民族衣装ウィチョール族の芸術作品、陶器などの紹介があります。

第七展示室は南アメリカのペルーとブラジルのコーナーです。ペルーでは民族衣装のポンチョの紹介が行われています。また南米の音楽の紹介では各種の楽器が展示されています。ブラジルではアマゾン川の

トルコ館

モンゴル遊牧民のテント

インドネシアの高床式住居

日本の大鳥居？

豊かな恵みについての紹介があり、川魚捕獲のための各種の道具や仕掛けが展示されています。丸木の刳舟も小型のものが置かれていました。

第八展示室はアフリカで、モロッコ、南アフリカのコーナーです。南アフリカでは狩猟道具が中心で、人形や楽器なども見られました。また女性用の首飾りなども多く展示されています。モロッコでは、木彫の扉、宝石類の展示が目立ちます。最後の第九展示室は中東地域イランに関するコーナーです。ここには陶器や銅器のランプ、皿や壺という日用品から祭祀用品、マンドリンや太鼓のような楽器も展示されています。

以上、九つの展示室を見てきましたが、内容は地域によってばらつきが多く一貫性がないように思えました。ただ、世界中の民族資料を一堂に集めているという点では十分に評価される内容であり、衣食住にポイントを絞っている部分にも好感が持てます。

■伝統民俗館

伝統民俗館は七つの展示室で構成され、朝鮮時代後期の京畿道龍仁の農家の家族四代に焦点を当て、それぞれの世代が体験する通過儀礼、民俗儀礼を紹介しています。ここでは伝統を重んじる農家の家族の生活を、四季と二四節季を中心として生から死までの一生の儀礼をジオラマを有効に活用してリアルに演出・展示しています。

まず正月の行事として、家族の長老夫婦のもとへの挨拶があります。正装した子供たちが曾祖父夫妻、祖父母の前に行って挨拶をする様子がジオラマで示されています。正月に食する餅料理がいろいろ展示されています。板状

正月の挨拶

の餅や型押しで造られるものなど色も白だけでなくカラフルです。

子供の前に料理が山積みされたジオラマがあります。甕をのぞき込んでいる姿の女性は何かを漬け込む準備作業でしょうか？　次いで田植え作業を一家総出で行っている様子が示されています。また夏の食材を使った豪華な料理が並べられています。次に男性が川で魚を取る様子があり、漁具の展示が続きます。旱《ひでり》が続くときには村人たちが雨乞いを行います。田へ水を引くための道具や草取り作業に用いる農具の展示が続きます。木綿の花から糸を紡ぎだす作業に使われる道具が並んでいます。蚕の繭も籠に入れられています。収穫風景のジオラマでは脱穀の様子も見られます。次に石臼や木臼が置かれています。

女性たちによって白菜や大根などの野菜と唐辛子が集められ、キムチへと漬け込まれています。老夫婦の前には様々な食材などが並べられ、長寿を祝う様子のジオラマ及びイラストがあります。

子供たちの冬支度の風景、さらに冬の狩猟具などの山仕事の道具が並んでいます。次には山の幸をふんだんに使った料理が並べられています。山の神にもこれらの一部は供えられています。中秋には日本でのお盆と同じように先祖の霊を迎えて祀りを行います。次に冬の作業として縄づくりや筵づくりが行われます。

以上のように、この伝統民俗館では伝統的に行われてきた様々な儀式や習慣をジオラマというわかりやすい展示手法を用いて解説しており、外国

キムチづくりの準備作業

キムチを漬け込む様子

人観光客にも理解しやすい内容です。

✽東琳《トンニム》メドゥプ博物館《メドゥッパンムルグアン》　（ソウル特別市鍾路区嘉会洞11）

メドゥプ（毎緝）は韓国の伝統工芸品で、日本の組紐のようなものです。二〇〇四年、ソウル市の支援を受けて東琳毎緝工房が設立されました。韓国伝統家屋である韓屋に設けられた博物館にはノリゲ（女性用の韓服の房飾り）、小袋、扇錘《ソンチエー》（扇の飾り紐）、流蘇《ユソー》（神輿などの房飾り）など韓国に伝わってきた装飾用の組紐から、糸、紐、装身具などの組紐の材料まで展示しています。

また、工房ではメドゥプ普及のための初心者教育や専門家の養成教育、メドゥプ体験など様々な試みに取り組んでいます。メドゥプの美しさを堪能できる施設です。

東琳メドゥプ博物館

メドゥプ

政治・司法・行政に関する博物館

この章は警察や郵政、水道事業など行政と関連する業種の博物館、そして戦争の悲惨さと南北統一の悲願を込めた施設など、国家の政治、司法、行政、平和と防衛をテーマにまとめています。

✻警察博物館《キョンチャルパンムルグァン》（ソウル特別市鍾路区新聞路2）

慶熙宮の興化門にほぼ隣接している古風な六階建てビルが警察博物館です。パンフレットには「体験と参加を通じて市民と警察が出会う歴史と文化の空間」と書かれています。二〇〇五年の開館で、三階の事務所スペースを除く五つのフロアが博物館になっています。

最上階の六階は警察関連の映像が見られるホールです。ここから順に下に降り

警察博物館

ていきます。

　五階は「歴史の場」です。まず朝鮮時代に警察機能を果たしていた役人の服装をつけたマネキンがあります。次いで、占領時代、建国当初の警察の服装や書類が展示されています。朝鮮時代の辞令や占領時代の巡査試験合格証、勲章などが見られます。戦後の一九六〇～八〇年代の警察の服装や装備、所持品なども展示されており、時代の移り変わりによる変化がわかります。壁面を埋め尽くす写真は戦死者、殉職者を追悼するモニュメントです。殉職者個人の紹介と遺品もいくつか並べられています。

　四階は「理解の場」です。ここは警察の業務の紹介コーナーです。例えば警備警察はデモが頻発する韓国では目にすることが多く、催涙弾や防護服などの装備品や特殊部隊についても紹介されています。また薬物取締り業務についてはケース内に実物の麻薬が展示されているとのことです。このほか指紋検出道具や特殊警察の警備に関するジオラマ模型も置かれています。

　三階は事務所スペースですので除外して二階に向かいます。二階は「体験の場」です。手錠をかけたり外したり、留置場体験などがありますが、たとえシミュレーションの世界でも避けたいものです。そのほか交通整理体験、ウソ発見器、射撃体験などのコーナーもあり、子供向けにはパトロールカーの運転体験も用意されていました。

　いよいよ一階まで降りてきました。ここには実物のパトカー、白バイなどが展示されており、運転席に乗ることができます。また初期の警察で使われていた白く塗装されたアメリカ・ウィルス社製ジープやBMW社製サイドカーが展示されています。警視総監の執務机では椅子に座って記念撮影もできます。

朝鮮時代の警察の服装

さまざまな機械、装置

殉職者の写真

パトロールカー

警視総監の執務机

子供コーナー

サイドカー

✿青瓦台《チョンワデ》サランチェ（ソウル特別市鍾路区孝陀路13ギル）

青瓦台には二〇二二年五月まで韓国大統領府が置かれていました。この青瓦台のすぐ近くに二〇一〇年にオープンした施設です。ちなみに「サランチェ」とは、韓国の昔からの伝統家屋の韓屋で大切なお客様をもてなす空間を意味しています。

訪問時は一階の韓国紹介コーナーと二階の一部が閉鎖されていたので、二階の青瓦台館のみが見学できました。ここには歴代大統領の活動の様子がパネル展示されています。大統領執務室の机が用意されていて、大統領の椅子には誰でも座ることができますし、写真も自由に撮れるので人気のフォトスポットです。

青瓦台サランチェ

歴代大統領に関する展示

大統領執務室の机

✻郵征総局《ウジョンチョングク》（ソウル特別市鍾路区堅志洞39）

韓国最初の郵便局の建物が博物館として公開されています。韓国の郵便制度は一八八四年の郵征総局の設立から始まります。この建物は一七世紀頃に国立病院の典医監として建てられ、一六二九年には日本の使節団の宿舎として使用されたとの記録があります。一八八四年一二月四日の甲申政変により郵政事業は一時中断しました。一九〇四年に愛国団体の保安会が抗日大集会を開いたほか、一九〇六年には民族史学の発祥の地である中等学校が設立され、一九一五年まで校舎として使用されます。独立後、一九五六年から逓信部により管理され、一九七〇年一〇月に現存最古の建物および愛国運動の歴史的重要性から史跡第二一三号に指定されました。

展示を見てみましょう。「朝鮮、世界の疎通を開始する」というコーナーでは、一八八一年に朝鮮政府が日本に送った調査使節団の報告書、一八八三年米国報聘使節団の写真、郵征総局初代総裁洪英植の復命問答記が展示されています。

「近代郵政制度の導入」では、西洋諸国の近代郵政の状況を紹介した漢城旬報やソウル市内の切手販売所の地図などが見られます。

「世界に向けた朝鮮の一歩」のコーナーでは、在韓米国、日本公使館に郵政規

郵征総局

天井の装飾画

初期の郵便道具など

則を送付し朝鮮の郵政事業開始を通告した文書や韓国初の切手類などが展示されています。「朝鮮初期郵便局の姿」では、一九〇〇年代初めの郵征総局の写真、日付印、秤と天秤などの展示が見られます。このほか、郵政事業に使用されてきた自動車のミニチュアがまとめてガラスケースで展示されています。

✾西大門《ソデムン》刑務所《ヒョンムソ》歴史館《ヨクサグァン》

（ソウル特別市西大門区峴底洞101）

ソウル市街地西北部の西大門独立公園にこの博物館があります。説明板には「この場所は一九〇七年に日本帝国が本格的な韓国侵略に抵抗する愛国志士を投獄するために作った牢獄である」と書かれています。実際に、この刑務所には独立運動家、市民、学生などが投獄され、独立後の朴正熙大統領時代には民主化運動家が投獄されました。四・一九革命、五・一六軍事政変、軍事政権期などには多数の政治犯が収監されたりもしました。

一九八七年に刑務所がソウル郊外の京畿道義王市に移転しました。跡地は西大門独立公園として整備されました。歴史性と保存価値

放射状の獄舎

地下につくられた独房

独　房

西大門刑務所歴史館

を考慮して一五棟あった獄舎のうちの五つとハンセン病舎、処刑場を残す形で、一九九八年に西大門刑務所歴史館が開館しました。いずれも赤レンガを積み上げた建物で、内部には収容者の状況を再現したジオラマがあり、当時の獄舎の様子が伝わってきます。

ちなみに一九八八年から周辺の公園化が進められ、一九九二年からは西大門平和公園と呼ばれています。

✤戦争記念館《チョンジェンキニョングアン》 （ソウル特別市龍山区龍山洞1街8）

一九九四年に開館した戦争記念館は、韓国の戦争の歴史と軍事がわかる施設です。建物は三階建てで、二階が入口です。展示室を見てみましょう。

まず入口のある二階へ。護国追慕室、戦争歴史室、大型・防産装備室、海外派兵室、韓国戦争室など六つの屋内施設と屋外大型装備展示室などがあります。まず目につくのが天井に描かれた大きな絵です。これは民族精神や太極旗などを独創的に描いたものです。まっすぐ歩いて行くと戦争により命を落とした英雄が奉られた「護国の星」があります。

次に目に入るのが大きな太鼓です。この太鼓は建軍六〇周年を記念したもので、光復以降歩んできた六〇年間を基に未来の六〇年を誓い、「先進強軍に未来を、そして世界への出征を願う」国民の志が込められています。虎の紋様は勇敢な軍隊の姿を表現したものです。太鼓を覆っている陶磁器は全国の大学生の国土巡礼団員が殉国烈士の護国遺志を継承するために集めた戦跡地の土と水で造られたそうです。三階までの吹き抜けを利用して空中展示が行

戦争記念館

使用された銃器類

国連軍の服装

戦時下の教育

アメリカ軍の服装

亀甲船

航空機

ロビーに展示された
太鼓

野外展示

われています。韓国空軍創始期の航空機L‐5連絡機や空挺部隊によるヘリコプター、パラシュート降下などが展示されています。

二階の韓国戦争室Ⅰ、三階の韓国戦争室Ⅱでは、朝鮮戦争についてのパネルやジオラマ、使用された武器、国連軍を構成した国々の紹介などが行われています。三階の海外派兵室では、一九四八年に南ベトナムに軍隊を派兵して以降、多国籍軍と平和維持軍の一員として世界のあちこちに韓国軍を派遣し世界平和に貢献していることをアピールしています。

屋外展示場も充実しています。朝鮮戦争当時、韓国側の国軍将校の兄と北朝鮮側の兵士である弟が劇的に再会したという実話をもとにつくられた兄弟の像、朝鮮戦争休戦五〇周年記念につくられたモニュメント、高句麗の長寿王《チャンスワン》が四一四年に父親である広開土大王の業績を称えるために建てられた広開土大王陵碑などが展示されています。

✽水道博物館《スドパンムルグアン》（ソウル特別市城東区聖水洞1街642）

漢江沿いのトゥクソムにあるソウルの森の近くに韓国の近代上水道施設を復元した水道博物館があります。水道という地味なテーマにもかかわらず見どころの多い博物館です。水源地の浄水場を整備して二〇〇八年に開館しました。本館（旧送水室）、別館、緩速濾過池、水と環境展示館、野外展示場があります。

まず本館は、トゥット水源地第一浄水場の送水ポンプ室でした。一九〇三年、朝鮮王朝の第二六代王（当時は大韓帝国皇帝）高宗がアメリカ人のヘン

水道博物館本館

リー・コブランとハリー・ボストウィックに上水道経営の許可を出し、施設が一九〇八年に完成し韓国で初めて水道水が生産・が供給された歴史的な場所です。ここから龍山エリアや四大門（興仁之門、崇礼門、敦義門、粛靖門）の内側エリアの住民約一二万五〇〇〇人に水道水が送られました。重厚感あるアーチ型の玄関ポーチは花崗岩で、赤レンガの外壁がとても美しい近代建築です。ソウル市有形文化財第七二号にも指定されています。

別館は、上水道関連の技術と文化の発達がテーマの博物館です。水道事業に関する技術や道具の展示のほか、ソウルの水道水「アリス」がどのように供給されているのかわかる水道マップや、ソウル市内の水質状態をリアルタイムにチェックできるソウルウォーターナウシステムが公開されています。

緩速濾過池はコンクリートの貯水槽跡で、一九〇八年から一九九〇年まで実際に使われていました。漢江の水をゆっくり流し、砂と砂利の層を通過させることで不純物を沈めて水を濾過したとのこと。貴重な産業遺産であり、本館と共にソウル市有形文化財第七二号に指定されています。

野外展示場には、一九二〇年代から現代まで使われていた大きな水道管やポンプ、機械などが展示されています。よく見ると「昭和」の元号や日本語表記があるものもあります。日本統治時代のものでしょう。水道管ひとつをとっても歴史が見えてきます。そのほか、実際に使われていた井戸やポンプを動かせる体験コーナーもあります。

入口のオブジェ

水と環境展示館は、博物館入口から最も近いところにあるガラス張りの平屋の建物です。「自然環境と人々の暮らしを通じて水のありがたみを伝え、その大切さな水を守ろう」というメッセージを発信しています。展示は「浮かべよう紙の舟」というコーナーから始まります。朝鮮半島の中心部を流れる漢江はかつてアリス（阿利水）と呼ばれていました。「大きな川」という意

本館の展示

緩速濾過池

水と環境展示館

展示館の展示

野外展示場

味です。ソウル市はその名前をとって水道水の名前にしたのです。次は「いざ森へ」のコーナーです。森は水を浄化して貯蔵する役割をしていることから緑のダムと言われます。四季折々に姿を変える森の中で水が循環する様子を学びます。「暮らしの中の水」のコーナーでは、家庭で使う水の量を知り、水を節約する方法を一緒に考えます。

最後は「生命の源、水」のコーナーです。水は地球上のすべての生き物の源であり、暮らしを豊かなものにしてくれますが、最近では水質汚染や水不足など様々な問題が起きています。こうした問題を考えます。水の消費量をペットボトルで視覚的に確認できる模型や、年齢や身長などを入力すると体内の水分量が測定できる体験コーナーなど、子どもから大人まで楽しめる展示も用意されています。

✿公平都市遺跡展示館《コンピョンパンムルグアン》

（ソウル特別市鐘路区公平洞26）

公平洞一帯は一九七九年に「公平地区都心再開発地区」として一九の地区に分割され、二〇一〇年までに各地区の再開発事業が完成しました。公平都市遺跡展示館はコンピョン（公平）一、二、四地区の都心再開発の過程で出土した一六世紀の朝鮮王朝時代の建築物と街路をそのまま保存・展示した都市遺跡博物館です。

展示は、「開発と保存の共存（保存と公平洞《コンピョンドン》の規則）」、「朝鮮王朝時代

公平都市遺跡展示館

展示室

の堅平坊（首都漢陽《ハニャン》の中心）」、「近代の公平洞（街の変化）」、「都市遺跡アーカイブ（都市遺跡発掘都市）」という四つのテーマで構成されています。ここでは、朝鮮王朝時代から近代までの六〇〇年を超える都市の原形を遺跡の中で見ることができるように遺跡の上部を厚いガラスで覆い、その上を自由に歩いて当時を生きた人々の実際の生活を垣間見ることができる空間になっています。

地下一階全体を遺構展示館、地下二階にはフードコーナー、地上階は高層まで都市空間として活用するという画期的なもので、再開発と文化財保存の両立にかけるソウル市の意気込みを感じさせる施設です。

✤清渓川博物館《チョンゲチョンパンムルグァン》（ソウル特別市城東区馬場洞527）

清渓川博物館は地上四階、地下二階で、長いガラスでできた建物の外観が特徴で、清渓川の流れを象徴しています。常設展示室や企画展示室、教育室、小講堂などがあります。見学は四階から始まり、階段を使わずに一階まで通路を通って自然に降りられる構造になっています

清渓川は、光化門に始まり鐘路、東大門、馬場洞に注ぐ川で、光化門から下流の古山子橋まで五・八四㎞あります。この川の歴史は、今から約三〇〇

清渓川博物館

清渓川沿岸のジオラマ

復元されたバラック小屋

年前の朝鮮時代に始まります。歴史のコーナーでは、清渓川の暗渠化の論議がスタートした植民地時代の関連資料、朝鮮時代の関連文献などをパネルやジオラマ模型などで紹介し、一七〜一九世紀は一世紀ごとに古い地図を通覧できるようになっています。

戦前戦後の混沌と貧しい時期の清渓川の姿とその後の変遷過程が映像とジオラマなどで見ることができます。沿岸に建設された木造住宅での暮らしぶりをジオラマで再現したコーナーは様々な日常の暮らしにスポットを当てています。

一九八〇年代以後のソウルの発展、特に産業化に貢献した清渓川とその一帯の姿を見ると、都市高速道路の完成による恩恵は計り知れないものがあります。しかしその一方、衰退していった沿岸地域、さらには高速道路が持つ危険性などが清渓1街から9街までの地域に影を落としていました。

やがてソウル市は、高速道路を撤去し清渓川を復元するという計画を立て、実施に移しました。市民への被害を最小化するよう十分な対策と準備を行い工事を進めました。ここでは、復元工事の様子をグラフィックパネルと映像、模型を通して確認できます。

清渓川の復元工事は二年三カ月、三八〇〇億ウォンを費やして行われました。これによってよみがえった清渓川とその周辺の環境は、市民にかけがえのない自然環境をもたらしたのです。おそらく日本では考えられない復元工事の実施でしょう。

さらに都市部の衛星写真と周辺地域整備計

画案を通して、清渓川の未来像を描いています。壁にかかったパネルでは、地区ごとの開発計画が示されていますが、果たしてどのようになっていくのか楽しみです。

博物館と道路を隔てた清渓川沿岸には、かつてバラック小屋（木造住居）がひしめき合っていました。ここではその復元が行われています。内部に入ることはできませんでしたが、実物大の建物は相当迫力があります。

✿ソウルオリンピック記念館《ニョムグァン》

（ソウル特別市松坡区オリンピック路448）

一九八八年のソウルオリンピックを記念して造られたオリンピック公園内にある施設です。過去のオリンピックの歴史と意義を伝えるために一九九〇年に開館しました。かつて訪問した際は、オリンピックの起源や歴史、ソウルオリンピックのエピソード、韓国のスポーツ史などのパネル展示のほか、競技場の模型、選手のユニフォーム、メダルなどを見学しました。

ソウルオリンピック記念館

✿烏頭山《オドゥサン》統一《トンイル》展望台《チョンマンデ》・展示室

（京畿道坡州市炭県面城東里659）

ソウル市内から車で約一時間、漢江と臨津江が合流する地点の韓国側に建てられた烏頭山統一展望台からは、川一本をはさんで対岸の北朝鮮の農村地帯を見ることができます。集合住宅らしい建物、農業用の倉庫のようなも

烏頭山統一展望台

の、畑、背後に広がる山々など、ここから北朝鮮の開豊までは二キロちょっとです。展望台の前方には北朝鮮の宣伝村と呼ばれる街並みが広がっています。事前申込不要、パスポートチェックもなし、写真撮影の制限もなく誰でも入ることができます。

四階建ての展望台の一階と二階に展示室があります。統一展示館では南北間の交渉の歴史、統一地形図などの展示のほか、ＫＴＸが平壌駅を通ってパリへ行くという空想の光景のパネル展示も見られます。資料映像室では一回三〇分程度の北朝鮮や安全保障に関する動画を上映しています。三階は北朝鮮を一望できる展望室です。屋外に出ると、平壌で活動し「朝鮮のガンジー」と呼ばれた独立運動家チョ・マンシクの銅像も置かれています。

展望台から北朝鮮を望む

資料映像室

産業・経済・金融に関する博物館

産業・経済に関する博物館を集めてみました。第一次産業の農業に関連する農業博物館やコメ博物館は農業団体によって設立された博物館です。銀行の博物館は直接経済に関係するものとして注目されます。また薬令市場やソウル韓医薬博物館、許浚博物館は韓国の伝統的産業の薬業に関連する博物館です。

✿農業博物館《ノンオツパンムルグアン》（ソウル特別市中区忠正路一街75番地）

韓国初の農業史専門博物館です。全国約一三〇〇の地域農協と組合員の協力により展開された農業遺物の収集活動を基礎とし、一九八七年に農業協同組合中央会によって設立されたものです。

農業歴史館（一階）、農業生活館（二階）、農協広報館（地下一階）の三つの展示

農業博物館

宮廷貴族による祭祀的な農耕

農家のジオラマ

室から構成され、野外展示では量水器や水車などを見ることができます。

一階の農業歴史館から見ていきましょう。ここでは先史時代から現代にいたる農業の歴史を分かりやすく展示しています。まず「初期農耕の始まり」では竪穴住居の復元ジオラマがあります。住居跡の周囲の壁面には農耕関連の考古遺物がケースに収められています。次の「定着農耕の始まり」は青銅器時代の展示で、住居群のジオラマ模型があります。続いて、生産力の高まった鉄器時代の展示では鋤や桑先などに鉄器が用いられ生産が高まったことが示されています。三国時代には大量生産の時代に入り、牛馬を用いた工作も始まっています。

時代の変化とともに農具の発展も見られました。伝統的な農具は大きな発展は見られず、宮廷貴族による祭祀的な農耕も見られました。やがて近現代に入ると農業の機械化が進み、大規模化による生産力の向上も図られました。

二階の農業生活館では、春夏秋冬の季節ごとの農作業とりわけ伝統的な水田農業と畑作農業、農家の暮らしが復元されています。周囲の壁面全体に田園風景のジオラマがあり、中央部には田植えしたばかりの様子が見られます。この時期は水田への水汲みが重要な作業で、水車で水をくみ上げている様子がよくわかります。

地下一階には農協の紹介や輸出農業などの展示があります。

✻米博物館《サルパンムルグァン》（ソウル特別市中区忠正路1街75番地）

農業博物館の前方右手に米博物館があります。ここも農協中央会が運営しています。主食として三千年の歴史を持つお米を食べる文化を広げるために設立されました。隣接する農業博物館に比べると小じんまりとしていますが本格的な博物館です。

一階は展示室、映像室、フォトゾーンで、二階は子供向けの展示と図書室があります。また定期的に料理の体験プログラムの教室が開かれています。展示は米の種類や料理について解説があり、慶尚道、黄海道、全羅道、忠清道、咸鏡道、京畿道などの郷土料理が紹介されています。八つの道の代表的な料理を通して各地方の食文化がわかります。

この博物館の一階には精米した米の自動販売機が置かれています。また併設されているカフェでは餅サンドイッチが食べられるとのことでしたが、残念ながらカフェは休業していました。

米博物館

脱穀用農具の展示

ロビーの展示

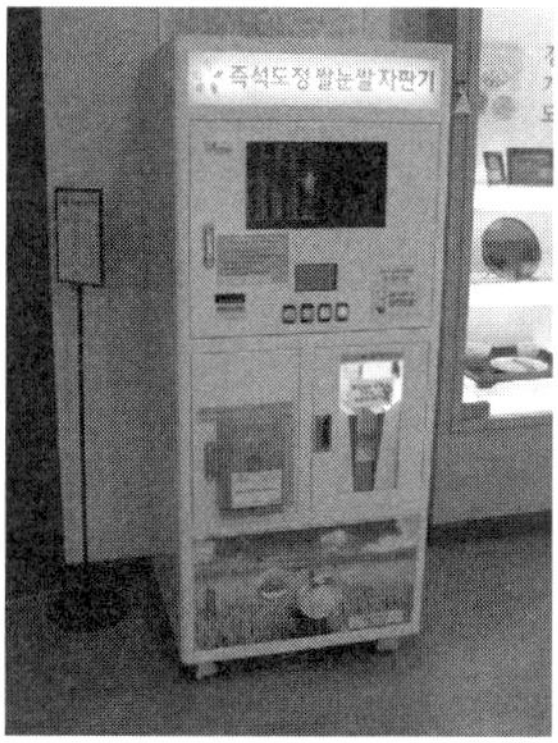

米の自動販売機

✻韓国銀行貨幣博物館《ハングンウネンファペクミョンパンムルグアン》（ソウル特別市中区南大門路3街110）

南大門市場近くの新世界デパート本店などがある賑やかな地域に重厚な石造りの建物があります。これが韓国銀行貨幣博物館です。東京駅や日本銀行本店を手がけた建築家辰野金吾の設計で、外壁に御影石が使われたルネサンス様式のこの建物は日本統治時代の一九一二年に竣工した朝鮮銀行本店です。

一九四五年以降は韓国の中央銀行にあたる韓国銀行本館として使用されてきました。朝鮮戦争時に相当なダメージを受けましたが修復を繰り返し、一九八九年に完全修復され、二〇〇一年に貨幣博物館として開館しました。

展示室は一階、中二階、二階の三フロアです。一階中央部には韓国中央銀行の設立背景や目的、業務の内容、組織と運営などの展示があり、「貨幣の一生」のコーナーではお金の製造方法、偽札防止のための特殊な印刷、偽札の見分け方、ダメージを受けたお金の交換基準などがパネルを使って説明されています。「お金と国の経済」は、通貨・金利・物価の概念、国の経済や物価安定など、さすが中央銀行という内容の展示です。さらに、こうした難しい内容をゲームやいろいろなメディアでわかりやすく紹介しています。「貨幣広場」では、古代から現在までの貨幣の歴史、韓国の時代別の貨幣を見ることができます。

中二階には金と貨幣室、貨幣機器室、寄贈貨幣室があり、二階には模型金庫室、ハンウンギャラリー、世界の貨幣室、体験学習室、企画展示室などがあります。銀行の会議室や総裁室などはぜひ見たいものです。

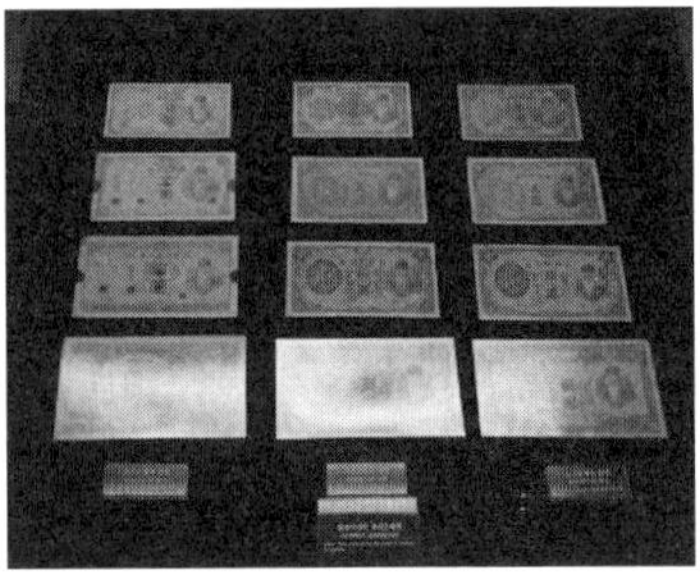

韓国紙幣さまざま

韓国銀行貨幣博物館

展示室

偽札の見分け方

貨幣の歴史コーナー

貨幣の鋳造

✿韓国金融史博物館（ソウル特別市中区太平路1街62）

ソウル市の中心部、ソウル市庁や道路元標のすぐ近くに、この博物館が入っている新韓銀行光化門支店のビルがあります。一九九七年に韓国で初めての金融博物館として設立されました。

入口正面にハングルの文字とともに「Welcome to Shinhan Museum」と英文で書かれたパネルが掲げられています。二、三階が展示室のフロアです。まずインフォメーションでパンフレットを受け取り、いよいよ見学開始です。まず一般庶民の暮らしを伝える家屋の模型ジオラマなどとともに、税に関係する文書が置かれています。次に大きな五つ玉のそろばんや秤が並べられています。ジオラマでは露天での物売りの様子から市の賑わいがよく伝わってきます。貨幣経済の仕組みを説明するための工夫のようです。

近代的なレンガづくりの銀行のビルと昔ながらの瓦葺屋根の家屋の模型があります。これは銀行の建物の新旧を示しているのでしょう。朝鮮半島の地図のジオラマには銀行が置かれていた地域にマークが付いています。銀行での訓示、命令書などの墨書き文書や借用証文、さらに「漢城銀行規則」には建陽二年の年記のある和綴本があります。ちなみに建陽とは李氏朝鮮が用いた年号で、二年は西暦一八九七年にあたり、この年に光武と改元されています。

韓国金融史博物館

保険証書や国債に関する証書をはじめ、一九六二年二月に韓国経済企画院から発表された第一次経済開発五か年計画、第一次年度施行計画書が展示されています。また同じ年の六月に韓国銀行調査部が出した緊急通貨措置総合報告も並べられており、韓国の経済状況の研究には不可欠な資料を見ることができます。

✻ウリ銀行銀行史博物館《ウリウネンウネンサパンムルグアン》

（ソウル特別市中区会賢洞1街203）

大韓帝国時代の一八九九年、最初の民族資本の大韓天一銀行が設立されました。その後、一九一一年に朝鮮商業銀行、一九五〇年に韓国商業銀行と改名し、二〇〇二年に現在のウリ銀行となりました。そのウリ銀行本店ビルの地下一階・二階が博物館として公開されています。

展示物には大韓天一銀行、朝鮮商業銀行、韓国商業銀行の各時代の支店の建物の写真パネルなどが集められています。また大韓

ウリ銀行銀行史博物館

市場の賑わい

銀行規則署など

ジオラマでは銀行の窓口に集まる市民の様子が表現され、続く展示では様々な機械や装置、発行された印刷物などで発展の歴史が解説されています。「貯金通帳今昔」のコーナーにある普通貯金通帳や国債貯金通帳などは、近年のカラフルでスマートな通帳とは比較にならない地味なものです。

貨幣の鋳造風景や市場の賑わい、貨幣経済の歴史や動向など、資料とジオラマでわかりやすい展示を行っている博物館と言えます。

天一銀行時代の関連文書の中には「嘆願書」（光武三年）や「大韓天一銀行座目、英親王殿下」があり、王族の参加もあったことがわかります。朝鮮商業銀行時代の営業報告書や決議書などの綴り、定期預金証書などがあります。展示物の中に昭和一六年四月二日付けの証書がありました。金額は当時の金で一万五〇〇〇円です。大金を預けたこの人物はその後どうなったのかはわかりません、果たして元金だけでも取り戻せたのでしょうか。このほか五〇〇〇円の預金証書などもありますが、いずれも終戦間際の混乱期に入る直前のものです。

　ＩＭＦの文字が見える窓口の展示がありますが、意味するところは不明です。地下一階の出口付近には子供向けの展示が用意されています。

　地下二階には貯金箱コレクションがあります。豚や猫、あるいは擬人化した豚などの小型の動物はほぼ貯金箱の定番でしょう。次に多くみられるのが犬です。鳥や魚、カエルなども多くはないですが貯金箱に加えられています。動物に次いで多いのは果物やキノコです。果物ではリンゴが多いようです。そのほか

窓口の展示

預金証書など

国内の支店展開

貯金箱コレクション

おとぎ話の世界を貯金箱にしたものもありました。このコーナーは十分楽しめます。

✿ソウル薬令市韓医薬博物館《ソウルヤンニョンシハニヤツパンムルグアン》

（ソウル特別市東大門区祭基洞１０８２）

ソウル東部の地下鉄一号線祭基洞駅の近くに韓方の材料を多く扱う薬令市という市場があります。ここには一〇〇〇軒の漢方薬局、漢方輸出入業者、薬草製粉所などが軒を連ねており、韓国全体の七〇%がここから流通しているそうです。ここには朝鮮時代に農民たちの治療機関である普済院がありました。

ソウル薬令市韓医薬博物館は二〇〇六年に地下鉄祭基洞駅南側のビルに開館しましたが、二〇〇七年に薬令市の中に移転して再オープンしました。韓国の伝統建築の韓屋づくりの三階建てのビルの二階が博物館です。

一階はソウル韓方振興センターで、ロビーには朝鮮時代に設置されていた普済院のジオラマ模型が置かれています。普済院は貧しい人々や病人を救済する施設で、この場所にありました。韓医院と漢方薬の施設が整っていたということです。

二階の博物館に上がってみましょう。入口のすぐ近くに「東医宝鑑」が並べられ、続いて薬草や動物の骨など種々の薬材の展示があります。植物性薬材、特化薬材など多くの貴重な薬材が集められています。スッポン、ヤモリ、蜂の巣などもありましたが、鹿の角がわかった程度で、大半の薬剤は見分けがつきませんでした。

薬剤の粉砕など加工に用いられる道具類や仕分け用の薬箱、薬タンスが展示されています。次に薬草の確保や加工などを分かりやすくジオラマ模型で解説

ソウル薬令市韓医薬博物館

薬令市

ロビー

検視文書の展示

薬剤店のジオラマ

薬箱

1960年代の韓薬屋

さまざまな薬剤

許浚が皇帝を治療している様子

するコーナーがあります。また一九六〇年代の韓薬屋を再現したジオラマが置かれています。

展示室の中央のジオラマ模型は許浚が皇帝を治療している様子を表現したものです。さらに壁面には鍼灸の治療についての解説があり、毒性のある薬材やにおいを重視する薬材などの展示も見られます。

出口付近の壁面には朝鮮時代の検視(死)文書が展示されていました。韓方医によって残された、遺体に関する詳細な検視記録で、現在の法医学に通じるものです。人間を一つの小宇宙ととらえる韓医学の歴史や薬材とその処方などを知ることで、自然と健康を結ぶバランスと調和を理解することができます。

✤許浚博物館《ホジュンパンムルグァン》（ソウル特別市江西区許浚通87）

韓医学に新たな道を開いた人物として広く知られている許浚《ホジュン》を顕彰する博物館です。一五三七年に生まれた許浚は、三二歳の時に柳希春によって内医院の医員に推挙され、三六歳で正三品・内医院正となります。その後第一四代国王宣祖や第一五代国王光海君の病気を治したことで正三品・通政大夫に出世します。一五九二年には壬辰倭乱（文禄の役）で宣祖を義州まで追行しています。やがて、一五九六年五九歳の時、宣祖の指示によって『東医宝鑑』の編纂を開始します。翌年宣祖は医書五〇〇巻を手渡し、許浚単独での編纂を命じます。一六〇〇年には内医院の侍医となります。以後も数多くの医書の刊行を行っています。一六一〇年、七三歳の時、ようやく『東医宝鑑』が完成し、一六一三年には『東医宝鑑』二五巻二五冊が刊行されました。七八歳で亡くなるまで内医院で後進の指導にあたりました。この博物館のある場所は許浚が『東医宝鑑』を執筆し晩年を過ごしたところです。

許浚博物館

　では展示内容を見てみましょう。許浚記念室では、許浚の紹介をはじめ、『東医宝鑑』の内容やその他の著書が紹介されています。次の薬草と生薬展示室では、『東医宝鑑』に記載されている薬草と生薬を展示しています。また『東医宝鑑』の湯液（煎じ薬）編で薬として使用されるものを一五種類に分類しています。それは食材としても広く使われているものですが、薬食同源ともいわれ、食材が薬としても使用されていたのです。次に漢方の道具展示室です。医療道具、採薬道具、薬研、薬湯器（煎じ薬器）、薬盛注器（煎じ薬容器）、漢方薬種容器、薬種の度量衡器などを見ることができます。

　朝鮮時代の内医院・韓医院の模型展示室では、昌慶宮に設置された内医院などが復元されています。許浚が四四年間勤めた内医院が王室の医療機関としてどのような機能、構造になっていたのかがわかります。

　朝鮮時代庶民の診察に当たったのが韓医院でした。国は庶民のために恵民署、活人署という医療機関を設置したのですが、どちらも漢陽（現在のソウル）にしかなかったので、そこで治療を受けられない庶民

内医院のジオラマ

薬剤作りの道具

研究している許浚

屋上庭園

のために韓医院が設けられました。韓医院には診察室、生薬室、鍼灸治療室、医書の書斎などがありました。「医官と医女」のコーナーではマネキン人形が展示されています。医官は科挙試験によって選抜されましたが、医科の試験には全一一科目が課されました。また医女の制度は一四〇六年に許浚の申し立てにより実施されるようになりました。成績優秀な内医女は、王妃をはじめ王室女性の病気を治療しました。屋上には薬草園、屋上庭園があります。朝鮮ニンジンやウコギ、ペパーミントなど五〇種余りの薬草が植えられています。このほか韓医学体験スペースなどが設けられています。

✻文化駅ソウル２８４（ソウル旧駅舎）（ソウル特別市中区統一路１）

一九〇〇年七月五日、京仁鉄道が開通、この時作られた南大門停車場がソウル駅の前身です。一九二五年、赤レンガの駅舎が新たに現在地に建築されました。日本統治時代、朝鮮戦争などを経て一九七四年には地下鉄一号線が開通し、ソウルの玄関口としての最盛期を迎えます。二〇〇四年に高速ＫＴＸの開業に伴って新ソウル駅が完成し、旧ソウル駅は駅としての役割を終えました。二〇〇九年から復元工事が始まり、二〇一一年に「文化駅ソウル２８４」としてリニューアルオープンしました。

文化駅ソウル284(ソウル旧駅舎)

✻韓国鉄道博物館《チョルトパンムルグァン》（京畿道義王市月岩洞374）

韓国鉄道一〇〇年の歴史が集められている博物館です。博物館の横は現在も韓国鉄道ＫＯＲＡＩＬ（コレイル）の列車が次々と通過していきます。

広い敷地内には線路が敷かれ多くの車両が展示されています。入口のＳＬミカ３－１６１号は一九四〇年日本製で、長い間韓国鉄道の列車を牽引してきました。鉄道博物館のいわば顔的存在です。このほかに、一九六三年日本製のディーゼル６７２号があります。この車両も日本との深い関係を感じさせるものです。さらに一八七四年に開通した地下鉄一号線の開通当時の使用車両など韓国鉄道を代表する多くの名車両が並んでいます。

博物館の本館に入ってみましょう。ロビーは天井まで吹き抜け構造となっており、その中心にＳＬがあり、壁面にはＳＬの写真パネル、最新鋭のＫＴＸの写真パネル、線路敷設工事のた写真が貼られています。さらに一九〇〇年からの年表が掲げられ、韓国国鉄の歩みがわかります。

王侯貴族が使用した輿、初期のＳＬ模型、初期の頃の鉄道局長の辞令などが展示され、駅舎や鉄道車両の変遷も見ることができます。このほか、昔の時刻表やダイヤグラム、制服、線路工事に用いた釘などが展示されています。

様々な電気機関車の模型が目白押しです。鉄道好きの方には垂涎の的でしょう。運転（シュミレーション）体験、大規模なジオラマも用意されており、時間を限って車両を動かすアトラクションがあります。ジオラマの前には一〇〇席ほどの客席があり、子供たちの歓声が聞こえてきそうです。

韓国鉄道博物館

米軍用車両

優等車特急車両

KTX-EMU-250

パシフィック型蒸気機関車

KTX-EMU-250運転席

首都軽電鉄100系

クレーン車両

大統領専用車

鉄道徽章

列車の型式番号

二階には駅の改札装置や踏切、安全装置などが展示されています。レールの変遷も実物展示で理解できます。どれも鉄道の安全運行を陰で支えるものばかりです。最後の部屋では鉄道のゲーム機が置かれており、子供たちへの配慮も忘れていません。

本館横の野外展示場では様々な車両が見られます。パシフィック型蒸気機関車第3号はテンダー式蒸気機関車で韓国国内で唯一残っているもので、登録文化財に指定されています。ちなみにテンダー式蒸気機関車とは、機関車に炭水車が接続された型式の機関車を指します。長距離の運行に適し、駅間の長い幹線や停車駅の少ない急行列車など頻繁に水や石炭の補給ができない環境で広く用いられました。

また、日本のかつての特急こだま号に似た優等型形電気軌道車や米軍用車両、大統領専用車が展示され、ＫＴＸ＝ＥＭＵ-２５０型車両では運転席の見学もできるようになっています。

鉄道広報館

韓国鉄道公社の広報館が義王駅舎の中二階にあります。エレベーターがありますが、ほとんどの利用者は駅に向かう人で、この階に止まることはほとんど

鉄道広報館

ありません。館内では韓国の鉄道（KOLAIL）に関する簡単な紹介のパネルがありますが、いずれもハングルで書かれています。対象は子供向けで、若い女性が一人対応に当たっていました。

教育に関する博物館

韓国には子供博物館が多く見られます。幼児教育の観点からも重要な施設なのでしょう。また、ハングル文字の歴史を知ることができる国立ハングル博物館や儒教思想の祖孔子を祀る文廟は、ベトナムや日本の場合と比較するとやや違う趣があります。

✾ソウル教育博物館《ソウルキョユッパンムルグアン》

（ソウル特別市鍾路区北村ギル19）

落ち着いた雰囲気の北村地区にソウル教育博物館があります。移転した名門キョンギ高校の跡地にかつての校舎を利用して開設したものです。もとは学校だったためか内部はかなり広い展示空間になっています。入口前の広場には教育博物館の表示柱が三本建てられており、その横に女性教師が生徒とあいさつ

ソウル教育博物館

を交わす風景が等身大パネルで表現されています。

入口を入るとすぐに文具を商う雑貨店のジオラマがあります。日本でもかつてはこのような店が学校の近くにあったことを思い出します。また右手奥には一九五〇年代の教室を再現したジオラマがあり、ダルマストーブの上には生徒の弁当が置かれ、昼休みにほおばる弁当の温かさを感じることができます。三国時代の服装、朝鮮時代の男児の制服、大韓帝国時代、日本統治時代を経て独立後の一九六〇から七〇年代、さらに現在まで男女の制服六パターンが展示されています。また実際に制服を着てみることもできるようです。朝鮮時代の制服を着て文机の前に座り記念撮影もできます。

堅いイメージのジオラマばかりではありません。運動会のジオラマがあります。万国旗が張られた運動場では、玉ころがしやパン食い競争、障害物競走、騎馬戦などが行われており、その傍らでは家族が楽しそうにごちそうを広げて食事をしています。これもいつか見た光景です。

展示室中央の大きなケースには、漫画やイニシャルが派手にプリントされた通学用のカバンや通学服、通学用の靴などが並べられています。壁面には各時代の学校の建物や教室風景、制服や教科書など教育の歴史を物語る資料が数多く展示されています。またかつて行われた科挙試験の様子を示したジオラマがあります。論語、孟子という中国古典の書物も教科書として使用された時代がありました。

昔の灯火や机などの調度品が展示されたケースがあります。中央の大きめのケースには学校のバックルやボタン、襟章や帽章など思い出が込められた徽章類が集められています。卒業証書もあります。日本統治時代の漢字交じりのものや独立後のハングルで書かれたものなど様々です。

悲惨な歴史を伝えるジオラマもあります。全ての学校で授業中の韓国語の使用が禁止された一九三八年当時に運用された「国語常用カード制度」と関連したある事件をテーマに作った模型です。朝、教師は国語常用という文字が刻まれた木でできたカードを数名に渡し、授業中や休み時間に韓国語を話した生徒に

各時代の制服

運動会のジオラマ

文房具など

「国語常用カード制度」をめぐる事件のジオラマ

カードを渡すようにさせました。受け取ったカードを別の生徒に渡せないと、放課後教務室で恐ろしい処罰を受けなければならず、どんな方法を使っても誰か別の生徒に渡さなければならないと、授業にも集中できませんでした。しかし韓国語を使う生徒を見つけられない場合、トイレに入った生徒に水をかけ、怒った生徒が韓国語を使ったらその生徒にカードを渡したという実話が伝えられているそうです。

✻国立《クンニッ》ハングル《ハングル》博物館《パンムルグァン》（ソウル特別市龍山区龍山洞6街）

韓国語表記の文字ハングルは世宗大王の時代の一四四三年に作られました。漢字を覚えられず苦労していた国民が文字を使えるようにと考案されたもので、「訓民正音」と言われました。ハングルは五七〇年余りの歴史を持っています。

国立ハングル博物館は国立中央博物館と同じ公園内にあります。ここでは、ハングル関係の資料を体系的に収集、保存し、それらの資料を中心に常設展示や企画展示を行っています。二〇一四年一〇月九日の「ハングルの日」に開館しました。建物は地上三階、地下一階で、常設・企画展示室、体験・教育施設などの展示面積は三五〇〇㎡です。地下一階は駐車場と視聴覚室等、一階はハングル図書館や講義室、二階は常設展示室、ミュージアムショップ・カフェ、三階は企画展示室、ハングル遊び場、ハングル学びの場、授乳室、四階は事務室となっています。

二階の常設展示室は、「新たに二八個の字母を作る」、「簡単に学び、使う」、「世界に広く知られる」という三部構成で順に見学するようになっています。

国立ハングル博物館

ハングルの展示

ハングル用タイプライター

ハングルの歴史と価値を理解できるよう様々な資料を駆使して展示が構成されています。出来た当時のハングルの姿や、その後、教育、宗教、生活、芸術、出版など様々な分野で広がっていった過程が紹介されています。展示では、ハングル関係の書物や古文書をはじめ、学者によるハングル研究、ハングル教育等の資料を紹介しています。

✽培材学堂歴史博物館《ペチエハクタンヨクサパンムルグアン》

（ソウル特別市中区貞洞34）

培材学堂は、一八八五年にアメリカ人宣教師ヘンリー・アペンゼラーがつくった韓国で初めての西洋式近代教育機関です。設立当初から英語の授業や全人教育を実践し、李承晩初代大統領や金素月、周時経、羅稲香など、韓国の近代を代表する有識者らを輩出しました。

この建物は一九一六年に建設されたもので、一九八四年まで校舎として使われていました。外観と内部の骨格を残しながら復元され培材学堂歴史博物館となりました。ダイナミックな空間構成と現代的なデザインを加味した常

培材学堂歴史博物館

設展示会場と毎年行われる企画展示及び特別講座などで一般人には新しいタイプの体験空間を提供しています（ソウル市記念物第一六号）。
ちなみに、培材学堂の建物は高徳洞に移転した西校舎を除いてほぼ取り壊され、跡地は培材公園となっています。

宣教師アペンゼラーの像

✾文《ムン》廟《ミョ》（ソウル特別市鍾路区明倫洞３街53）

朝鮮半島では八世紀頃、新羅が唐王朝から孔子廟の制度を受け入れ、当時国の最高学府であった国学の内に孔子の祀廟を設置したことに始まり、以後の王朝でもそれを受け継いできました。高麗では開城に「国子監」、李朝では儒教を国教とし、一三九八年に太祖李成桂により国家の儒学校として成均館が設立されました。この「成均館」に付随して孔子廟を設け、それを「文廟」と呼びました。

文廟では、中央に「大成殿」、その両翼に「東廡」・「西廡」の建物があります。そこに孔子とその弟子十人、周敦頤・朱子などの宋代の朱子学者及び崔致遠・鄭夢周・李滉（李退渓）・李珥（李栗谷）等の朝鮮半島の有名儒学者を共に祀っていました。地方でも成均館に倣って官学の「郷校」に孔子を祀る祀堂を置きました。

文廟大成殿

明倫堂（文廟）

なお一五世紀以後では、儒教の民間への浸透とともに各地で私塾である書院の設立が盛んとなり、書院でも必ず孔廟が建てられ、孔子と儒学者たちを祀りました。書院はのち各地の郷里士林の根拠となり、中央政治にも大きな影響を及ぼしました。今でも成均館では年に二回（春の旧暦二月と秋の旧暦八月に各一回）「釈奠大祭」と呼ばれる孔子を祀る儀式が行われています。現在の成均館は日本併合時代の以来、国立ではなく私立の大学になってそこに置かれている成均館がこれを司っています。そのほか各地の書院でも「釈菜」と呼ばれる祭りが今までも行われています。

✤国立中央博物館こども博物館

（ソウル特別市龍山区西氷庫路137）

国立中央博物館の一角にあるこども博物館は、体験と遊びを通して、目で見て触りながら体で感じることのできる体験型の博物館です。中央博物館常設展示室に展示されている遺物が同じ形や大きさに複製されており、子どもたちは直接手にとって楽しむことができます。まず「私はトラ」というコーナーがあります。これは韓国の昔話のトラに因んだもので、遊具が置かれています。ここは主として幼児向けで、少し高年齢の子供向けには立体模型やパズルが用意されています。また、家形土器など様々な遺物を復元したり、実際に屋根に瓦を並べてみることで、韓国の文化遺産について興味や好奇心をもち、より自発

国立中央博物館こども博物館

的に学ぶことができます。こうした体験式の展示や教育プログラムを通して昔の人の生き方や知恵を学び身につけることができるようになっています。

✾国立こども博物館　（ソウル特別市鍾路区三清路37）

国立民俗博物館の一画にこども博物館があります。原則として子どもとその家族（同伴者）だけが入館できます。取材の許可をいただき見学することができました。

入口を入るとすぐに子ども向けの絵本や記念品が販売されているショップがあります。次いで韓国の人々の伝統的な服装の映像があり、壁面には王様の座る椅子が用意されています。さらに進むと田舎の家屋の実物大ジオラマがあります。都会に住む子供たちはこのような家で生活した経験がないのか、不思議そうに家の中を覗き込んでいました。子ども向けのゲームコーナーや滑り台のある遊び場も用意されています。かつての貴族の服装も多数用意されており、それを着た姿を記念撮影する親子もいました。落書きコーナーには、はがき大の紙と色鉛筆が用意されており、思い思いに描いた作品が壁面に貼られていました。

国立こども博物館入口

✾国立こども科学館　（ソウル特別市鍾路区昌慶宮路）

この施設は昌慶宮の東側にあります。一九六二年に現在地で開館しましたが、一九九〇年に大田広域市に国立中央科学館が開設されたのを機にソウル科学館と名称を変更します。そして二〇一七年には国立こ

国立こども科学館

ども科学館と名称変更し、二〇一七年十二月に開館式が行われました。

それほど広くない建物です。一階は「感覚の遊び場」というテーマで、遊びながら科学を学べるようになっています。このほか天体投影館、科学劇場などがあります。二階には「想像の遊び場」のほか製作工房があり、陶芸などができるようになっています。

✻京畿道こども博物館

（京畿道龍仁市器興区上葛路６）

京畿道立博物館の敷地内にある子ども専用の博物館です。親に連れられた子供たちでにぎわっています。ここも子ども連れでないと入館できず、入口付近で見た雰囲気だけ書いておきます。天井にはイルカとみられる魚や三角形や円錐形の工作物が吊り下げられています。正面はガラス張りで明るく、全体にカラフルな色調で統一されています。

韓国では博物館の一部を子ども用に開放しているところは数多くありますが、この館のように独立した子ども専用の博物館は、国立扶余こども博物

京畿道こども博物館

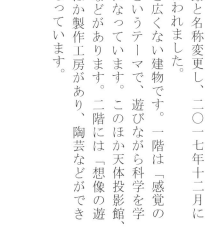

館、国立慶州こども博物館、国立金海こども博物館などのみで、あまり多くはないようです。

美術・工芸に関する博物館

ここでは美術工芸分野に関する博物館を取り上げます。イラスト、デザイン、書道関係も美術作品としてここに分類しました。

✻国立現代美術館《クンニツヒョンデミスルグァン》ソウル館《ソウルグァン》

（ソウル特別市鍾路区昭格洞165）

景福宮の東側に二〇一三年に開館したこの美術館は、地上三階、地下三階の近代的な建物です。地下二、三階は駐車場で、地下一階から地上三階の四フロアに八つの展示室とメディア室、フードコートなどがあります。とくに広く開放的な空間が特徴で、外光が十分に入る明るい館内です。多くの美術館で見られるような強制導線がないので、迷路のようでどこへ行ったらよいのか戸惑います。

展示は二一世紀の現代美術作品とメディアアートが中心です。メディアアートは二〇世紀中葉以降の新しい分野で、ビデオやコンピュータをはじめとする新しい技術に触発されて生まれた独特の芸術表現であり、新技術の応用に積極的な美

国立現代美術館ソウル館

術でもあります。また美術館の裏手に朝鮮王朝時代に王族を管理していた役所の建物が復元されています。

国立現代美術館の展示

世宗美術館の展示

一民美術館入口

一民美術館の展示

✾世宗美術館《セジョンミスルグアン》　（ソウル特別市鍾路区世宗路81）

光化門広場近くの世宗文化会館の中にある美術館です。一九七八年の世宗文化会館の開館と同時にオープンしました。展示場は地下一階で、現代美術作品中心の展示が行われています。訪問時には個人芸術家の作品展が開かれていました。

✾一民美術館《イルミンミスルグアン》　（ソウル特別市鍾路区世宗路139）

東亜日報の旧社屋にある一民美術館は、元東亜日報名誉会長金相万の遺志を継いだ一民文化財団が運営する美術館です。一九九六年に美術館として登録されましたが、全面改修して二〇〇二年に二つの大型展示室と一民コレクションを備えた現在の姿にニューアルしました。

一民コレクションは高麗時代から近代まで、金相万が集めた陶磁器や絵画四三〇点、社会的メッセージ性の強い現代美術品一〇〇点のほか東亜日報社の委託所蔵品が一二〇〇点という膨大なものだということです。

訪問時にはアマゾンに関する特別展が行われていましたが、現代美術は理解しにくい部分が多くようです。例えばエレベーターの中に植木の鉢がたくさん置かれており、これも展示物のようですが、意味不明でした。

✿仏教中央博物館《プルギョチュンアンパンムルグアン》（ソウル特別市鍾路区堅志洞45）

韓国仏教の最大宗派が曹渓宗ですが、その総本山である曹渓寺の境内にある韓国仏教歴史文化記念館の地下にある仏教中央博物館は二〇〇七年に開館しました。絵画・版画・彫刻など韓国の仏教美術、仏教文化を知ることができる施設です。三つの展示室に新羅時代から朝鮮時代までの遺物が展示されています。

訪問時には企画展示「母岳山金山寺」展が行われていました。母岳山金山寺は全羅北道金堤

仏教中央博物館

企画展示の金銅仏

市にある古刹です。大きく拡大された境内の写真に始まり、瓦や青磁などの出土遺物、仏画、木彫、金銅仏などが展示されています。金銅製の匙や宝塔、玉類、経典や経典の版木、「大覚国師文集」、「南岳集」などの冊子、羅漢像などが集められていました。また季節によって変化する境内の景色の写真もパネルで示されており、十分に楽しめる内容でした。

✻国立現代美術館徳寿宮館《クンニツヒヨンデミスルグアントクスグングアン》　（ソウル特別市中区貞洞5　徳寿宮内）

元王宮の徳寿宮には韓国の伝統的な建物のほかに西洋風あるいは韓洋折衷の建物があり、その中に石造殿があります。日本統治時代、石造殿は日本の近代美術品などを展示する美術館でしたが、石造殿とは違う「朝鮮の古美術品を展示できる空間を徳寿宮にもう一つ作ろう」という考えから、日本人建築家中村與資平が設計して李王家美術館が建設されました。当時、昌慶苑（現在の昌慶宮）にあった李王家博物館に展示されていた三国時代以降の彫刻工芸品、陶磁器、絵画などがこちらに移され展示されていました。一九四五年以降は石造殿の付属建物として使用され、一九九八年に石造殿西館が国立現代美術館の別館として開館しました。

石段を登って入るとそこは二階で、第一・二展示室とミュージアムショップがあります。国立現代美術館らしいミュージアムグッズや過去の特別展関連商品が並んでいます。中央が吹き抜けになった三階には第三・四展示室があります。

石造殿東館（大韓帝国歴史館）とは渡り廊下でつながっています。

国立現代美術館徳寿宮館

✾雲峴宮遺物展示館《ウンヒョングンユムルチョンシグアン》（ソウル特別市鍾路区雲泥洞114）

雲峴宮の中にある平屋建ての長い建物が遺物展示館です。ソウル市が一九九三年から四年の歳月をかけて建物の補修などを行い、当時の家具なども集め一九九六年から一般公開しています。全一八室の展示室には、雲峴宮と興宣大院君に関連する様々な品々がジオラマやパネル、映像を駆使しながら展示されています。興宣大院君の使用した木製の椅子や、皇后が宮中に入る前、宮中作法を学んだ場所であることを再現したジオラマもあり、大院君家の年譜、雲峴宮の沿革と雲峴宮の主であった大院君について理解できるよう工夫が凝らされています。

このほか雲峴宮企画展示室もあり、イラストや美術作品などが展示されています。

雲峴宮遺物展示館

✾東大門デザインプラザデザイン博物館《トンデムンディジャインプラジャデザインパンムルグアン》（ソウル特別市中区乙支路7街2）

この場所にはかつて野球場や競技場などの東大門運動場がありました。施設が撤去された八万㎡以上の敷地が再開発され、東大門デザインプラザが建設されました。設計者はザハ・ハディド。一度は決まっていた東京オリンピックメイン会場の新国立競技場の設計者です。デザインプラザは三つの巨大な流線型の建物が分離せずにうまく融合した斬新な建物です。芝生に覆われた最上階なども個性的です。この中にあるデザイン博物館に行ってみました。Mと表示されているビルです。

東大門デザインプラザはエリア別に大きく分けて、デザインラボ、ミュージアム、アートホール、東大門歴史文化公園、デザインマーケットの五つに分かれています。ほかの場所はあまり興味がありませんので、ミュージアムとアートホールへ向かいました。ここはMと表示されているビルです。建物内にエレベーターもありますが、全長約五〇〇ｍものデザイン遊歩道がお勧めです。らせん状の遊歩道をぐるぐると歩いているうちに四階に到着してしまいます。各階にはデザイン博物館、デザイン展示館、デザイン遊び場が設置されており、さまざまな展示が行われています。

らせん状遊歩道の途中に博物館がありました。衣類からオートバイ、さらには自動車まで多種多様な現

東大門デザインプラザデザイン博物館

服飾デザインの展示

オートバイの展示

代的デザインが目白押しです。

✤ソウル大学校美術館 （ソウル特別市鍾露区）

ソウル大学校正門を入ってすぐ左手側にあるユニークな建物が美術館です。この美術館は三星グループがスポンサーとなっており、オランダの建築家のレム・コールハースが設計したものです。展示室のほか大講堂、講義室、教育施設が備わった複合文化空間となっています。

✤韓国書道博物館 （京畿道水原市霊通区蒼龍大路265）

韓国書道博物館は地方自治体によって初めてつくられた書道専門の博物館で、水原博物館の一角にあります。水原の書道家である梁沢東氏より寄贈された遺物が展示されています。拓本を表装した作品は古い時代のものが多く、黒々と光る作品群には圧倒されます。草書体をはじめとする作品群をはじめ篆書や楷書の作品も見られます。

書ばかりではなく墨絵も見られました。「文具四友」というコーナーがあります。書室で常に傍らに置いた文房具、すなわち紙、筆、墨、硯です。また書画などには印章を捺します。中国と韓国の陰刻の材料が多く展示されています。石材によって色調が青色や朱色と様々で、さらに印章の頂部に彫り込まれた動物の細工も見事なものです。硯は、風字の形状を示す風字硯や方形で陸の部分に透かし彫を施したものなど見事です。これらが揃った書家の部屋を復元したジオラマもあります。

ソウル大学校美術館

韓国書道博物館

書の作品展示

大型の硯

書家の部屋

✾水原市美術展示館　（京畿道水原市長安区松竹洞409）

水原華城の長安門の北西、日旺池の南にある公園の一角にある二階建ての建物がこの施設です。市立のギャラリーのようで、展示ホールや会議室があり、訪問時には、市民による写真展が行われていました。

✾アイパーク水原市博物館　（京畿道水原市長安区松竹洞409）

水原華城の城郭内にある美術館です。水原行宮にも近く、近代的な建物です。建築家が凝りに凝って作ったという印象で、建物内部の見学だけでも十分に楽しめます。ただ学芸員の眼で見ると、複雑な構造のため使い勝手はよくないだろうなと思いました。

ガイドブックには博物館とありましたが、近・現代美術に重点を置いている美術館のようで、抽象的な作品や具象画も展示されていました。

アイパーク
水原市博物館

水原市美術展示館

自然科学に関する博物館

ここでは恐竜化石や宇宙科学、地球科学、動物学などを対象とする自然史学、科学、植物園、水族館及び建築技術などに関する博物館を紹介します。

✾西大門自然史博物館《ソデムンチャヨンサパンムルグァン》

（ソウル特別市西大門区延禧3洞5）

西大門区庁の南東に壁面から恐竜の頭が突き出している、ちょっと変わった三階建ての建物があります。これが西大門自然史博物館です。

ロビーは三階まで吹き抜け構造で、中央にアクロカントザウルスの骨格標本が据えられています。展示は三フロアで展開されています。エレベーターで三階に昇り、見学しながら降りてくることにしましょう。

三階は「地球環境館」です。地球の成り立ち、地震、火山活動などの仕組みなどを学べるようになっています。鉱石や岩石の標本がたくさん展示され

西大門自然史博物館

吹き抜けのロビーに展示されている恐竜の骨格標本

ており、サファイアやダイヤモンドなど宝石の原石もまぢかに見ることができます。

　階段の踊り場には巨大なスズメ蜂の巣が置いてあり、その手前には生きた蜂がケース内で飛び回っています。さらにその隣には宇宙服を着たマネキン人形と、ケースに入れられた宇宙ステーションの模型が展示されています。

　二階は「生命進化館」です。ここに来る途中に巨大なカブトムシの模型があり、それにまたがっている子供たちがいました。入口付近にアジア象の骨格標本とそのジオラマが置かれています。展示室には恐竜の卵や様々な動物の化石が展示されています。魚類のコーナーでは生きる化石とも呼ばれるシーラカンスなどが並べられています。また化石の発掘風景のジオラマを子供たちが熱心にのぞき込んでいました。巨大なマンモスのジオラマのコーナーでは骨格標本も同じ台の上に置かれていました。両者の個体差がかなりあり不思議な印象でした。水中の魚の化石のコーナーでは、大小さまざまな魚の化石を楽しむことができます。

　陸に生きる動物は熱帯、温帯、草原、砂漠、極地などその環境に適応して生活しています。陸には哺乳類、鳥類、両生類、爬虫類などの脊椎動物や昆虫、植物などが生息し、

放射状に並べられた蝶の標本

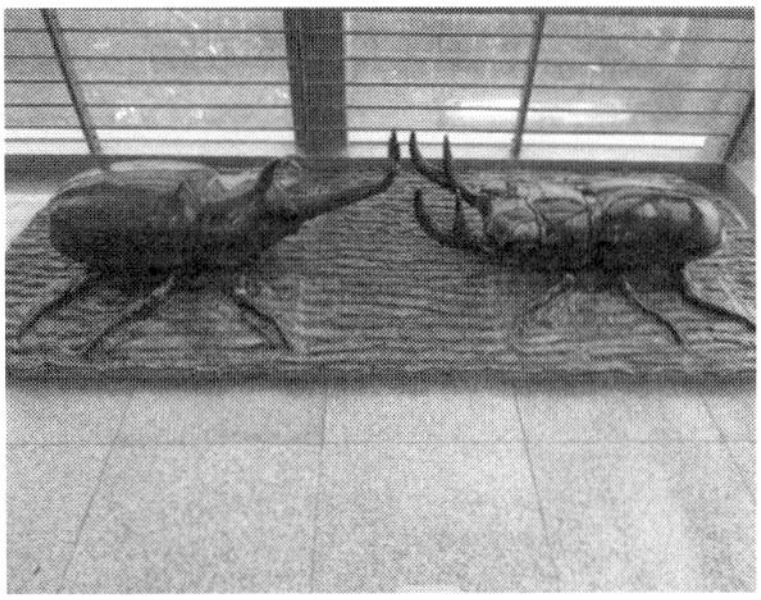

巨大なカブトムシの模型

生息地の環境に合わせてお互いに有機的な環境を保ちつつ多様な生態系を維持しています。この解説パネルのすぐ横には虎、馬、バッファロー、リス、白熊などの剥製標本が隙間なく置かれています

次のコーナーは人間の進化がテーマで、サルから進化してきた様子がよくわかります。そして海の動物、陸の動物、空の動物などの標本展示が続きます。

自然界に存在する色（カラー）の展示では、緑や黄色、赤、白という色調ごとに蝶が分類されていました。ただ個別に並べても面白くないからなのか、渦巻状や放射状に標本が並べられています。これは好みの問題でしょうが、標本箱に整理された形で見るほうが安心して鑑賞できるような気がします。

一階に降りてきました。ここは「人類と自然館」です。中央の恐竜があまりに存在感が大きく、囲りにあるキリンの像などはかすんでしまっています。展示台の周囲には恐竜の卵や頭部の骨格標本などのケースが並んでいます。恐竜の標本は二、三階のもののインパクトが強く、この階の展示は少し拍子抜けの感がします。

このほかミュージアムショップや喫茶コーナーなどあります。展示とは直接関係はありませんが、博物館には重要な施設です。

✻コエックス・アクアリウム　（ソウル特別市江南区永東大路513）

江南の巨大ショッピングモール・コエックスの地下一階に大型水族館があります。韓国最大級の水族館で、水槽は一三〇個もあります。ここでは大型のサメをはじめ、韓国や世界各国の魚や水中生物を約六五〇種、四万匹飼育、展示しています。水族館は、水の流れに沿って様々な生態系を楽しく感じられるように多くのゾーンに分けられています。順路に従って回ってみましょう。

最初のゾーン「韓国で育った韓国の魚たち」では淡水環境を再現したもので、コイ、フナ、メダカ、大ナマズ、カエル、カメ、水生昆虫など約一二〇種、四〇〇〇匹が生息するコーナーです。次の「韓国の庭園」は、石塔や灯籠のある景福宮の池を再現したという韓国らしい展示コーナーです。韓国には「魚変成龍図」という民画があります。勢いの良い鯉が龍に代わるとされ、将来の出世や試験などの合格を祈願したおめでたい意味を持っています。

「魚のワンダーランド」はユニークな仕掛けで楽しむことができるコーナーです。「こんなところに生きた魚が？」と大人も楽しめます。洗面台や洗濯機、ベッドなどの家具の一部分に取り付けた展示用の水槽で小さな金魚や熱帯魚を飼育しています。自動販売機や実際に電話ボックスの中を泳ぐ魚たちも見ることができます。少し前になりますが、日本でこの種の仕掛けが、著作権問題で話題になったことを記憶している人もいると思います。

コエックス・アクアリウム

次に「国内派と海外派」というコーナーでは、国内外のカニなどの体形や習性の違いを比較しています。ここでは可愛いプレーリードッグなどの小動物も飼われています。「アマゾニアワールド」では、アマゾ

サメの回遊

フンボルトペンギン

ピラニア

韓国庭園

ンのジャングルをイメージした森のなかに、世界最大級の淡水魚ピラルクや電気ウナギ、ワニやカワウソなどの水辺の動物、コウモリやリスザルがいます。またピラニア約三〇匹も飼育されており、まるで熱帯の秘境を探検しているような気分です。熱帯や亜熱帯の河口の汽水域に広がるマングローブをイメージしたコーナーでは、小型のサメやエイ、フグが泳ぐ水槽がのぞけます。サンゴ礁の水槽は縦二メートル、横五メートルほどの壁を半円状にしたような形です。

この水族館のメインの二〇〇〇トンの水槽では、体長二・四メートルにもなるメジロザメなど、大型のサメやエイが悠々と泳いでいます。さらにアザラシや人魚とも間違えられる大型草食哺乳類のマナティーの水槽もあります。

「ディープブルー広場」の水槽ではイワシなどの小魚の大群が泳いでいます。「マリーンタッチ」のコーナーは、サザエやヒトデなど触れるようになっています。果てなく暗い深海をイメージしたこのエリアでは、神秘の海の世界に住むクラゲ類やタカアシカニなどの様子を見ることができます。「ペンギンたちの

電話ボックスの中の金魚

ポストの中の熱帯魚

遊び場」では、約二〇匹のフンボルトペンギンが独特な仕草で観覧者を楽しませています。

✻ロッテワールド・アクアリウム　（ソウル特別市松坡区オリンピック路300）

二〇一五年五月一二日に総合テーマパーク「LOTTE WORLD」が拡張され、第2ロッテワールドと呼ばれる「LOTTE WORLD TOWER & LOTTE WORLD MALL」が誕生しました。アクアリウムはその地下一階と二階にある水族館です。

世界の五つの海洋と一三のテーマから構成される水族館で、六五〇種、五万五〇〇〇匹の生態を見ることができます。それぞれの水槽は一年を通じてその仲間たちが過ごしやすい環境が保たれています。

地下一階は、①韓国の川、②熱帯の川、③アマゾンの川（水中トンネル）、④カリフォルニアアシカ、⑤ザ・オーシャン（メイン水槽）、⑥白イルカ、⑦珊瑚礁ガーデン、⑧プレイオーシャン（ニシキゴイ、ヒトデなど。タッチプール）、⑬極地方ゾーン（ペンギン）で構成されており、さらにフォトショップ、ギフトショップ、カフェなどが併設されています。

地下二階には、④カリフォルニアアシカ、⑤ザ・オーシャン（メイン水槽）、⑥白イルカ、⑨海洋ギャラリー、⑩クラゲギャラリー、⑪オーシャントンネル（白イルカ、アオウミガメなど）、⑫マイワシゾーンのコーナーがあり、地下一階と地下二階にまたがる水槽もあります。

⑤のメイン水槽はサメ、エイなど一〇〇種、一万匹が泳ぐ巨大水槽で、水の重さは二一九〇トンもあります。横幅は二五m、高さ七・三m、厚さ四七㎝の分厚いガラスが使用されています。

また③、⑪は韓国最長の八五mの海洋トンネルで、アマゾン川やオーシャン・トンネルなどのテーマごとに川や海の世界を覗けるようになっています。⑬極地方ゾーン（ペンギン）では愛らしいペンギンの姿

ロッテワールド・
アクアリウム入口

錦鯉に哺乳瓶で
餌付け

メインの大水槽

極地ゾーンのペンギン

水中トンネル

が癒しになると好評のようです。

体験コーナーがいくつもあるのも韓国の他の水族館にはない特徴です。ヒトデや貝などを直接触ったり、魚に直接えさを与えたりすることができます。とくに錦鯉に哺乳瓶で餌付けするコーナーは圧巻です。ギフトショップでは魚やペンギンなどのフィギュアが販売されています。

✽昌慶宮植物園温室《チャンギョングンシンムルウォン》（ソウル特別市鍾路区昌慶宮路185）

昌慶宮内には一九〇九年に完成した大温室があります。木材と鉄、ガラスで造られた韓国初の西洋式温室で、登録文化財にも指定されています。設計は日本の宮内省で長く宮廷園芸技師だった福羽逸人が関与したといわれており、施工はフランスの会社が担当しました。当時ガラスや鉄は珍しい素材だったので、全て輸入したそうです。福羽逸人は日本の近代式庭園文化に貢献した人物で、新宿御苑をはじめとする宮内省管轄の庭園の整備や設計を担当していました。新宿御苑の温室と昌慶宮大温室はとてもよく似ています。入口前には重厚な石造りの噴水台があり、この台を中心に完璧なシンメトリーで温室が建てられています。造りこまれた人工的な植栽もフランス式庭園の特徴をよく表しています。温室内には韓国で自生する蘭など約七〇種前後の植物が見られます。南側出入口にある扉には大韓帝国の皇室のシンボルであるすもも
の花の模様が施されています。さらに屋根の棟上にもすももの花が並んでいます。

昌慶宮植物園温室と噴水

✻ナビ蝶園（バタフライ・ガーデン）　（ソウル特別市城東区）

漢江沿いのトゥクソムにあるソウルの森内に蝶のための植物園があります。ここは一九七一年から浄水場として使用されていましたが、二〇〇五年にソウルの森として整備する際に浄水場の一部を壊して憩いの場所として利用されることになりました。二〇〇九年、都会では見ることが少なくなった蝶を観察することができるナビ蝶園がオープンしました。ここで見られる蝶の種類は、ミヤマカラスアゲハ（ソウル市指定保護種）、烏アゲハ、ナミアゲハ、ツマグロヒョウモン、モンシロチョウ、スジクロシロチョウ、キチョウ、モンキチョウ、カバマダラで、季節ごとに活動する蝶の種類が異なります。

✻昆虫植物園（昆虫園）　（ソウル特別市城東区）

ナビ蝶園に隣接している温室植物園です。蝶は飛び回っていませんが、昆虫の好む植物が植えられています。なぜか食虫植物もありました。ビニールハウスの中に一〇種類以上の蝶を二〇〇〇羽以上飼育しており、季節や天候に左右されずに楽しむことができます。

ナビ蝶園

昆虫植物園

✻ホーネー・ビー・ガーデン（蜜蜂庭園）（ソウル特別市城東区）

ナビ蝶園とは少し離れたところにある野外庭園です。蜂の巣を形どったモニュメントが置かれた庭園の中央には遊歩道があり、周囲には草花が咲いており、ミツバチにとっての楽園なのかもしれません。なお浄水場の貯水施設の痕跡が残されています。

✻韓屋技術展示館《ハノッキスルチョンシグァン》（京畿道水原市八達区長安洞45）

水原伝統文化館とほぼ隣接しているのが韓屋技術展示館です。ここは、様々な韓屋の建物の紹介と、それらを建てる技術を道具や施工方法などから紹介する施設で、木造二階建ての真新しい木材で造られています。

韓屋そのものの構造や構築方法を解説するために韓屋の建物の模型を多数あり、建築工事で使用する、のこぎり、のみ、きり、鉋、金槌などの大工道具類、あるいは複雑な木組み模型などが展示されています。

二階では映像を上映する設備が整えられており、会議室やセミナー室は団体の利用が可能です。

蜜蜂庭園

韓屋技術展示館

軒瓦の展示

大工道具の展示

趣味・嗜好に関する博物館

ここでは趣味・嗜好に関する博物館を集めました。切手博物館などは郵便事業との関係が濃く「産業」の分類でもよいと思いますが、切手収集を趣味にしている人も多いのでここで取り上げました。このほか適当な分類ができないものもここで取りあげました。

✾ミミズク博物館《プオンイパンムルグアン》（ソウル特別市鍾路区三清洞27）

古い韓屋の多い北村地域の三清洞の路地奥に、ミミズクをテーマにした私立の小さな博物館があります。二〇〇三年のオープンで、このエリアでも一番古い博物館だとか。壁面に描かれたミミズクの絵が目につきます。その下には観

ミミズク博物館

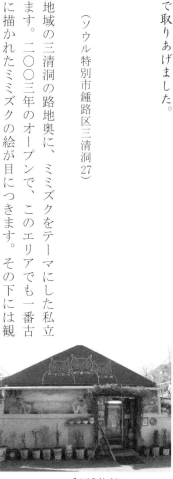

ミミズクだらけの館内

葉植物の葉が鉢植えから伸びて塀の高さまで及んでいます。訪問時は冬のさなかであり、すべて枯れていましたが。

　オーナーのペ・ミョンヒさんは山深い江原道《カンウォンド》出身で、一九六八年、中学生の時修学旅行で慶州に行き、そこで木工のミミズクを購入したのがきっかけとなってミミズクが大好きになったそうです。以来四〇年間以上にわたって世界約八〇カ国からミミズクのグッズを集めました。その数なんと三〇〇〇点以上になり、博物館に展示しているそうです。

　ともかく部屋中、床から天井までミミズクのグッズであふれています。小さなものは箸置き、缶バッジ、爪楊枝入れの壺、高さ五㎝にも満たない小さなフィギュア、大きなものは数十センチもある置物まで、様々な大きさやデザインのミミズクが集められています。また油絵や水彩画などに描かれたミミズクも少なくありません。大きく羽を広げた姿や、枝にとまっている姿など、あらゆる方向から描かれています。その絵画も大小さまざまです。さらに陶磁器の皿に描かれたミミズクは、大きさも数センチから数十センチのものと多種多様です。親子のミミズクの木彫品もあります。ともあれここでコレクションを眺めていると、ミミズクの魅力に取りつかれたオーナーの気持ちの一端がわかるような気がしました。最後に、これは料金の内だといって温かいコーヒーを出してくれました。

✿切手博物館《ウピョパンムルグァン》（ソウル市中区忠武路1街21番地）

ソウルの繁華街明洞にあるソウル中央郵便局の地下に、切手に特化した博物館があります。

展示室に入ってみましょう。まず郵便の歴史が展示されている「郵政の歴史広場」があります。瓦葺建物だった当時の郵便局の写真パネル、一九四五年に鉄筋コンクリート造りのビルに入った郵便局の写真パネルのほか、郵便局員の制服姿のフィギュア、郵便輸送用車両の模型などを見ることができます。さらに当時の配達風景のジオラマがあり、自転車からバイク、自動車へと変化していったことがよくわかります。

切手博物館

次は「切手の体験広場」です。ここは子供たちに人気のコーナーで、自分だけの切手が作れるコーナーや切手クイズゲームを体験できます。また世界遺産やノーベル賞に関する記念切手を通して学習することもできます。韓国で発行された切手や世界各国の珍しい切手のコレクションも見られます。また一八八四年以降発行されてきた韓国の切手の歴史が年表にされています。切手となった風景の場所を韓国全土の地図に表示しています。また切手のデザインの変遷を示した展示もあります。最後に「切手の情報広場」です。ここでは例えば二〇〇〇年、あるいは二〇〇六年に発行された記念切手にはどのようなものがあるのか、実物を年代別に展示し、検索もできるようになっています。

館外に洪英植の銅像があります。韓国の近代郵便制度の創始者である洪英植は、一八八四年に郵征総局を創設し初代の郵征総弁となり、ソウルと仁川の間で郵便業務を始めました。この銅像は、民のために先進文明や開化思想を広めようとした固い信念と意志を象徴しているということです。

✻アライブ・ミュージアム（博物館は生きている）　仁寺洞本店

（ソウル特別市鍾路区仁寺洞43）

ソウル中心部の繁華街仁寺洞に韓国最大のトリックアート美術館があります。テイルビル地下一、二階にあるこの博物館に入ってみましょう。トリックアートは遠近法を用いて目の錯覚を誘うものや多面画を使ったものなどがあります。

秋の風景の中に線路がどこまでも続いていくように見える絵があります。ま

制服の変遷

さまざまな切手

洪英植の銅像

アライブ・ミュージアム

線路はどこまでも続いている？

マリリン・モンローが人を食べる？

見る角度で絵が変わる

た、マリリン・モンロー風の女性に人間が食べられている絵は不気味です。額に入った絵があります。パイプをくゆらす人物を描いたごく普通の絵です。ところが少し歩いて振り返ると骸骨姿の人がパイプをくわえているので驚きます。また少し動くと絵は元通りになっています。このほかにも多くのアートがありますが、それほど目立って不思議なものや新鮮な印象を持つものはありませんでした。

済州島にはこの博物館の支店（分館）があります。

✾ヘイリ芸術村《ヘイリイエスルマウル》

（京畿道坡州市炭具面法興利６５２）

一九九八年に三八〇名の様々な分野の芸術家達が集まり、文化芸術空間を形成したのがはじまりです。

世界楽器博物館

児童トイ博物館

ハニャムニム図書博物館

やがて京畿道の文化地区に指定され、年間一〇〇万人にも及ぶ訪問者が訪れる観光地にもなっています。

地域内には個性的な建物が建てられ、芸術家たちのアトリエや生活空間として使われています。さらに様々なテーマの美術館や博物館があり、子供たちにも人気のテーマパーク的な空間となっています。

入口のチケットブースでは、村内の大半の博物館のチケットがセットで割引販売されています。訪問時が秋の季節の休日だったため大半の施設が休館でした。そのため施設の外観を撮影してきました。輝恐竜博物館、貨幣博物館、世界楽器博物館、児童トイ博物館、ハニャムニム図書博物館などで、いずれも子供向きの内容の施設だと思いますが……。

大学博物館

かつて韓国では大学設置に関する法令によって総合大学には博物館の設置が義務づけられていたので、多くの大学に博物館があります。いずれも外部に公開されており旅行者も見学できます。この章で紹介したほかにも大学博物館は多数ありますが、機会があれば訪問してみたいと思います。

✤成均館大学校博物館《ソンギュングァンテハッキョパンムルグァン》（ソウル特別市鍾路区成均館路25）

成均館は朝鮮時代最高の国立教育機関で、現代の国立大学のような存在でした。当時からこの場所にあり、孔子の廟にあたる文廟や講義室にあたる明倫堂などがあり、大成殿など再建された建物五棟もあります。この成均館の伝統を継承した成均館大学校が設置されたのは一

成均館大学校博物館

儒者の家

古代の楽器

九四六年です。

博物館は成均館大学校六〇〇周年記念館の地下一階にあります。儒教に関連する資料が多く集められているほか、珍しい楽器類、供献用の様々な什器類、正装用の衣装なども展示されています。アンダーソン土器とも呼ばれる中国の彩陶や多くの中国陶磁器、朝鮮陶磁器も見ることができました。成均館大学校全体の校舎配置を示すジオラマ模型や大学の出版物を集めたコーナーもあります。

✤東国大学校博物館《トングッテハッキョパンムルグァン》（ソウル特別市中区筆洞3街26）

東国大学校は仏教系の私立大学です。ソウルキャンパスにある博物館は一九六三年に大学付属機関として設立され、一九六六年から図書館内に常設展示室が設けられていましたが、一九八五年に現在の建物に移転し開館しました。

一階に常設展示室、二階に企画展示室があります。主な展示作品は、仏教彫刻、仏教工芸、仏教絵画、仏教建築など仏教美術関係が中心です。約二万五〇〇〇点の所蔵品の中には、「弘治二年」銘青画白磁松竹文壺、宝篋印陀羅尼塔の二点の国宝をはじめ、六点の宝物、四点のソウル特別市有形文化財など貴重

東国大学校博物館

なものがあります。そのほか、慶州皇龍寺址出土の青銅製仏立像、忠清南道公州出土の蝋石製三尊仏碑像、芬皇寺出土の金銅製仏立像、高麗時代の塑造羅漢像など、極めて価値の高い作品群が出迎えてくれます。

博物館では、国内の古代寺院跡の調査等はもとより海外での学術調査研究事業も積極的に行い、得られた資料を展示に反映させています。このように仏教総合博物館として確固たる地位を築いている博物館です。

また様々なスペースを活用して、新羅時代から高麗時代に至る各種礎石や石塔、臼等の野外展示が行われています。

✤崇実大学校博物館《スンシルテハッキョパンムルグアン》（ソウル特別市銅雀区上道路369）

崇実大学校は一九〇五年設立のキリスト教系の私立総合大学です。博物館は地上三階、地下二階の鉄筋コンクリート構造の建物で、一～三階が展示室、地下は事務室・収蔵庫です。

博物館の所蔵品の中心は、故金良善教授の寄贈資料です。韓国基督教史資料、及び民族運動史資料、考古・美術資料、崇実歴史資料で構成されています。展示室も韓国基督教歴史室、近代化と民族運動史室、考古美術室、崇実歴史室の四室です。考古・美術室では、金良善教授の収集遺物と一九六〇年代から博物館が行ってきた遺跡発掘調査で出土した遺物を展示しています。土器類、石器類、金属器類、ガラス製品等六〇〇余点の遺物を時代別、主題別に展示し、先史・古代文化を中心に韓国文化の発展過程を体験的に理解できるよう工夫がなされています。

崇実大学校博物館

✻延世大学校博物館《ヨンセテハッキョパンムルグァン》

（ソウル特別市西大門区延世路50）

延世大学校は一八八五年創立のキリスト教系の名門の私立総合大学です。博物館は一〇〇周年記念館の中にあります。ロビーには、横向きに置かれた大型の甕棺や陶質土器があります。壁面では、校旗、大学の歴史が解説されたパネルが展示されています。常設展示は、美術室、学校史室、先史室、歴史室、中国玉器室、伽耶・新羅土器室、野外展示、延世資料館等で行われています。

先史室には、旧石器時代、新石器時代、青銅器時代の遺物が展示されています。人類の歴史を地質時代からたどる展示はヨーロッパ考古学の分野で、人骨や石器などのレプリカが説明パネルとともに掲げられています。韓国内の代表的な遺物として、一九六四年に発掘調査を行った公州石荘里遺蹟から出土した石

安重根の墨跡

先史時代の土器の展示

銅鐸

石造十字架

崇実大学校博物館の展示

器群と堤川洞窟遺跡から出た動物の化石骨が挙げられます。中でも石荘里遺跡は忠清南道公州市に所在する旧石器時代の遺跡で、この発掘を契機として国内初の先史遺物中心の展示室を備える契機となった重要な資料です。様々な地域の旧石器遺跡の発掘調査・研究を通じて、韓国の旧石器文化研究の礎を築き上げた博物館にとっても誇るべき歴史となっています。

歴史室は、高麗時代、朝鮮時代遺物を中心に展示されています。代表的な遺物として奉業寺から出土した青銅銅鑼が挙げられます。文具や硯さらには多数の印判が並べられた一室があります。著名な書家の作品も展示されています。陶磁器のコーナーの量は半端なものではなく、これでもかというほどのもので迫力十分です。磁器の浄瓶は青銅器のオリジナル製品を模して造られたと考えられており、青銅製品と青磁製品が同時に並べられ、わかりやすく感じます。横瓶と呼ばれている独特な形の陶器製品が多数置かれています。これらを焼成した窯の図面、製作工程の復元写真や工具の展示もあります。さらに出土資料である陶器の破片も大量に集められています。展示室の外面にはオンギの甕が多数置かれています。

大型の甕棺

学校史室の展示

大学の前身の建物

野外展示

自然科学系の展示は三階です。植物標本はいずれもいわゆる押し花状のものです。鳥類は剥製標本が展示されています。蝶の標本は標本箱に二～四点程度で、ゆったりとした印象を与えます。狐や鹿、イタチなども剥製標本で並んでいます。甲殻類や両生類、貝類、サンゴなどの標本もあります。

次に民俗学関係では韓国の土俗信仰である巫女や仏教遺物、男女の服飾品なども集められています。薬品や鉱物についてもそれぞれ展示室が別となっています。

また、野外展示では、庭園に古建築や石塔等が配置されていて、散策しながら見学できます。

✾梨花女子大学校博物館《イファヨジャデハクパンムルグアン》（ソウル特別市西大門区梨花女大ギル52）

韓国の名門女子大学の博物館を訪ねました。一階中央の階段両脇には美しい花をつけたピンクの樹木が大きな壺に飾られており、階段の踊り場には「梨花」と大書された看板が掲げられています。

展示室に入ってみます。ゆったりとした空間に、風景画の屏風、銅器（浄瓶ほか）、高麗青磁、配膳具、化粧具、小型のタンスなどが展示されています。

考古学関係では鴨型土器や船や家形の伽耶土器などを見ることができます。また大型青磁瓶や焼成途上で歪んでしまったものや破損したものの破片などがケース内に置かれています。この大学の調査で得られたものでしょう。

服飾のコーナーでは、男性の衣装や喫煙具、帽子、身に着ける小物や装身具、靴などが集められています。女子の服飾品では、一九世紀の製作とされる二羽の鶴が刺繍された絹の胸あては吉祥文として高く評価されるもので、高位

梨花女子大学校博物館

の人物が着用していたと推定されます。このほか灯火として使用されていた豪華な燭台も飾られています。

韓国国内の陶磁器のコーナーでは、高麗青磁をはじめ朝鮮半島産陶磁器の優品が単品展示されており、その美しさを堪能することができます。

このほかにも素晴らしいものがたくさんあります。石碑に刻まれた絵画や碑文は拓本が表装された状態で展示されています。この中には高句麗の石碑の拓本もあります。また、多くはないのですが金銅仏を見ることもできます。

目を館外に移すとガラス越しに大小様々な形の韓国の主要食材であるキムチをつける壺オンギが約七〇点余り整然と並べられています。

1階ロビー

服飾のコーナー

ゆったりとした展示室内

青　磁

✻ソウル大学校博物館《ソウルテハッキョデハクパンムルグアン》（ソウル特別市冠岳区冠岳路１）

ソウル大学校は一九四六年に設立された国立大学です。大学設立と同時に、京城帝国大学時代の建物と遺物をそのまま引き継いだ付属博物館が開館しました。一九七五年に中央図書館六階に移転、一九九三年に現在の建物に移転しています。一階が常設展示室（考古歴史室、人類民族室、伝統美術室）、二階が企画展示室となっています。

元々の所蔵品に加えて、一九六〇年代以降現在までに行われた発掘調査出土品などを中心に旧石器時代から渤海の仏像まで合計五〇〇〇点余りの遺物が展示されています。主な展示品をあげてみます。東アジア旧石器研究を大きく前進させた漣川、全谷里遺跡で出土した握斧、中国延吉のソ・ヨンジャ遺跡で収集した骨角器、稲作の起源研究に重要な端緒を提供した驪州欣岩里遺蹟の農耕具、漢城期の百済研究に重要な位置を占めるソウル石村洞古墳群出土土器類、夢村土城で出土した骨鎧を含んだ外来系遺物、漢江や臨津江一帯の高句麗砦で出土した銘文土器や挂甲などの武器類、新羅王陵の一つである慶州皇吾里古墳出土品、中国の渤海都城遺跡で出土した塑造仏像などがあります。また、現在発掘調査を進めているモンゴル、アゼルバイジャンなど国外遺跡で出土した遺物も注目を集めています。

一方、展示室入口にある峨嵯山四砦と九宜洞砦の復元模型を通じて高句麗の軍事要塞の規模と構成が容易に理解できるよう工夫されています。また、過去

ソウル大学校博物館

の人達の生活の息遣いが聞こえて来るような民俗資料が展示されています。貴族達の部屋に置かれていた文房具や家具などから昔の生活の姿を垣間見ることができます。巫俗関連資料を通じて当時の人々の精神世界を体感できます。また、韓国国内資料のみならずニューギニアや満州地域の少数民族から収集された民俗資料が展示されています。現在これら資料は、国内唯一の資料として高い価値が与えられています。

伝統美術室では韓国の古書画と陶磁器などが展示されています。この博物館所蔵美術品のうち最も大きな比重を占めているのがこの古書画類です。古書画類は、博物館の前身である京城帝国大学陣列館設立の契機になった多山朴栄喆氏からの寄贈品を母体としたものです。一九三〇年代に満州地域の渤海遺跡で収集された遺物として、塑造仏像、瓦当、土器などの資料があります。これらの遺物は、渤海の考古美術資料としては国内唯一の遺物であり、学術的にも重要な価値を持つとの評価を受けています。

✾ソウル大学校医学博物館《ソウルテハッキョビョンウォンイハッパンムルグァン》（ソウル特別市鍾路区蓮建洞28）

ソウル市街地の中心部にあるソウル大学病院の敷地内にある博物館です。韓国で最も古い近代病院である大韓医院本館（史跡第二四八号）の建物の一、二階の一部を博物館として開放し、ソウル大学が所蔵する医療機器約一〇〇〇点と、資料約八〇〇〇冊の一部が展示されています。

大韓医院（現在のソウル大学病院の前身）は一九〇八年、大韓帝国皇帝純宗の勅命により設立された総合病院で、大韓帝国時代の韓国における衛生及び医療の中枢機関でした。当時の国立医療機関にあたる広済院と国立医学教育機関であった医学校とその附属病院、そして大韓赤十字病院が統合されたものです。一九一〇年の日韓併合後、一九一一年に朝鮮総督府の管理下に置かれました。

竣工当時は本館建物と病室七棟、付属建物で構成されていましたが、現在では本館のみが残されています。中央にドーム様式の丸い屋根を載せたネオバロック風の時計塔とルネサンス様式の壁面、車を乗りいれられる玄関ポーチなど様々な西洋建築様式が織り交ざっています。韓国に西洋建築が建てられ始めた頃の様子を今に伝える文化財として貴重です。この本館建物が一九九二年に博物館としてオープンしました。常設展と近代医学に関連する企画展が定期的に行われています。訪問時には、初期の注射器に関する企画展が行われており、貴重な医療器具を見ることができました。

ソウル大学校医学博物館

展示室

医師の部屋

✽高麗大学校博物館《コリヨテハツキヨパンムルグアン》

（ソウル特別市城北区安岩洞145）

高麗大学校はソウル市中心部から東方の城北区にある私立大学で一九三四年に設立されました。高麗大学校博物館は韓国の大学博物館の草分け的存在で、歴史、考古、民俗、美術を扱う人文系の総合博物館です。一九六二年に開館し、二〇〇五年に現在地に移転しています。所蔵品は一〇万点に及びます。

展示室は、学校の歴史を辿る一〇〇年史展示室、第一展示室（歴史民俗展示室）、第二展示室（古美術展示室）、第三展示室（近代美術展示室）、寄贈者記念展示室、企画展示室等で構成されています。

朝鮮時代の書家の部屋

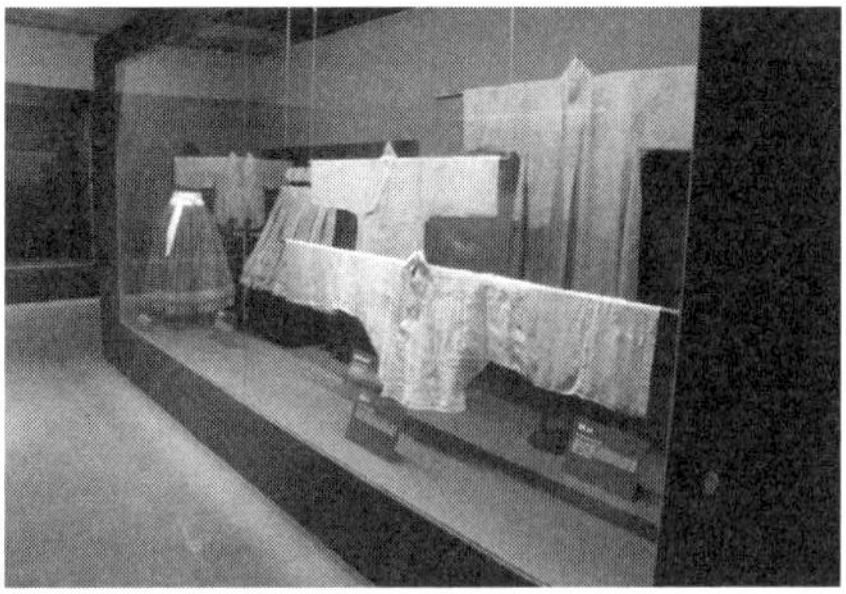

出土した衣類

一〇〇年史展示室では、高麗大学校一〇〇年の歴史を体系的に展示し、建学の理念や今後のビジョン等をわかりやすく解説しています。歴史民俗展示室は、朝鮮時代の生活を展示の中心に据え、テーマ毎に朝鮮時代初期から末期までを理解できるように工夫されています。古美術展示室では、韓国の仏教美術、陶磁器、絵画の三つのジャンルに分け名品を展示しています。近代美術展示室では、文人画や山水画といった韓国画から西洋画、西洋彫刻、現代の韓国美術などを堪能できます。

主な所蔵品としては、渾天儀（国宝第二三〇号）、渾天時計、東闕図（国宝第二四九号）、粉青沙器焼付文大壺（国宝第一一七号）、金弘道の絵画などがあげられます。

✽建国大学校博物館《コングテイハツキヨウパンムルグアン》（ソウル特別市広津区華陽洞1）

建国大学校は一九四六年、医師で民族運動家の劉錫昶によって朝鮮政治学館として開校し、一九四九年に学校法人政治学院と政治大学が設立され、劉錫昶が理事長となります。一九五九年に総合大学「建国大学校」に昇格し、初代総長に劉錫昶が就任しまし

建国大学校博物館

野外の石造文化財展示

総長室のジオラマ

た。

　博物館の建物は他の校舎から少し離れた小さな森の中にひっそりと建てられています。中央に時計台を兼ねた塔屋のある二階建ての煉瓦つくりの立派な建物です。建物手前には臼や石塔などの石造文化財一ヵ所に集められています。

　室内展示は、初代総長劉錫昶に関する書類や表彰状、名誉博士号の授与記が展示されています。また総長室のジオラマがあります。このほか建国大学校のエンブレムや学内学術誌が展示されています。スポーツで輝かしい成績を収めた優勝旗や優勝盾なども誇らしげに展示されています。

　ちなみに、歴史関係の展示物は野外展示のほかは展示室の片隅にあった陶質土器の甕ぐらいで、大半は収蔵庫にあり公開されていませんでした。

✾韓神大学校博物館《ハンシンテハツキヨデハクパンムルグアン》　（京畿道烏山市韓神）

　韓神大学校は、烏山市に本部を置く私立の総合大学で、一九五〇年に設立され、博物館は一九九一年に開館しました。博物館は、キャンパス内の図書館にあり、一階に展示室、二階に整理・研究室が置かれています。そのほか収蔵庫や図書室などが完備されています。考古・歴史・民俗などに関する資料を収集、整理、保存、展示し、学術研究を通じて歴史文化の体系的糾明にその目的を置いています。

また博物館では、京畿道を中心に遺跡の分布調査や発掘調査などを精力的に行ってきており、発掘調査で出土した考古資料も博物館資料も充実しています。特に注目すべきものとして、ソウル市内の風納土城の発掘調査を挙げることができます。百済の重要遺跡の調査を通じ、百済考古学の発展に大きな成果を果たしています。

また、開館後一〇余年の間、集中的に進められてきた古代と中世の遺跡の調査によって、この時代の資料を大きく充実させました。これ以外にも青銅器時代集落など先史時代の遺跡についても、その調査対象を広げています。

国史学科拓本研究会が二〇年余り継続して行ってきた儒教遺跡の碑文と石像物を対象とした調査で得られた成果を基礎として拓本展示会を開催しています。六〇〇点余りに達する国内最大の拓本資料は、韓国金石文研究にとって貴重な資料となっています。

✾京畿大学博物館《キョンギデイハッキョウパンムルグァン》

（京畿道水原市霊通区二儀洞山９４１６）

京畿大学校は一九五四年設立の私立の総合大学校です。博物館は水源キャンパス内の一画にある三階建ての建物です。一階には、玉匠として著名であった張周元の玉作品の展示室があります。二階では、大学の創立から現在までの歴史がわかる展示が行われ、この大学が看護学校から発展してきたことがわかります。とくに創立者については各種の賞状や許可証が展示されています。

京畿大学博物館

展示室

三階では、農具中心の民具及び民俗文化財の展示が行われています。また考古学調査のジオラマ写真パネルの展示も見られましたが、残念ながら遺物などは展示されていませんでした。

百済（公州・扶余）の博物館

漢山の都を追われた百済は、南朝の中国や日本との交流によって、熊津で再興をはかります。しかしこの地も五三八年には外部勢力によって攻められ再び遷都せざるをえませんでした。最後にたどり着いたのが扶余です。この地で百済は聖王の主導のもと仏教文化を大きく発展させました。日本へ仏教を伝播させたのもこの聖王（聖明王）でした。ソウルからもそれほど遠くない公州・扶余を訪ねました。

✤国立公州博物館《クンニプコンジュパンムルグァン》　（忠清南道公州市熊津洞）

国立公州博物館は一九四六年四月に熊津百済文化を中心に忠清南道の歴史と文化を保存、展示するために開館しました。一九七一年に武寧王陵の発掘調査が行われ、一九七三年に公州市中洞に新築移転し、さらに二〇〇四年に熊津洞の現在の場所に新築移転しています。正門から常設展示室へと歩いていくと大きな石獣が迎えてくれます。武寧王陵で出土したものを拡大したものです。

現在は、武寧王陵出土品、大田・忠清南道地域から集められた国宝一九点、宝物四点を含む三六三五六件、六二一八五点の文化財を保管し、適宜公開展示しています。常設展示室、企画展示室、セミナー室などの館内施設と野外展示などから構成されています。

常設展示室の熊津百済室の構成は、第一部「漢城から熊津へ」、第二部「熊津百済の文化」、第三部「武寧王の生涯と業績」、第四部「熊津から泗沘へ」です。忠清南道の歴史文化室は、第一部「先史文化」、第二部「古代文化」、第三部「中世・近世文化」の各コーナーで構成されています。

伝太田出土の農耕文青銅器

農耕の発達に伴って様々な農具が登場しますが、現在まで残っているものはほとんどありません。伝太田出土の農耕文青銅器は幅一二・八cmの小型のもので用途などは明らかではありません。下の部分は欠け、最上部には小さな四角い穴が六個あいていますが、その穴が少しずつ擦れていることから紐に吊り下げて使用していたものと思われます。両面とも中央の縦方向と縁の輪郭に沿って斜線、直線、点線を用いた文様帯がめぐり、その内側の空間に絵が刻まれています。片方の面の右側には頭の上に長い羽のようなものをつけたままタビ（踏み犂）で畑を耕す男性と鍬を振り上げた人物が見られ、左側には壷に何かを入れている人物が描かれています。これは春に畑を耕し土塊を崩す場面と秋に収穫した穀物を壷に入れる過程を示しています。その裏面には右左とも二股に分かれた木の端

大きな石獣が迎えてくれる公州博物館

に鳥が一羽ずつとまっている姿が描かれており、縄状のリングをとりつける鈕が一個ついています。おそらく踏み犂の使用を物語るものと考えられ、当時の農耕技術を考えるうえで重要な資料です

熊津百済室は武寧王陵出土遺物が中心で、とくに王陵の石室内の配置に沿った遺物の展示や墓誌などは素晴らしいものがあります。

漢城から熊津に都を移した百済は東城王（在位四七〇～五〇一）と武寧王（在位五〇一～五二三）の時代を経て政治と外交が安定しました。熊津百済は、漢城百済の文化を継承しつつ、中国南朝から新しい文物を受け入れて「百済化」し、新羅や伽耶、倭に伝えました。さらに宗教や思想の面でも成長し、仏教寺院である大通寺（五二〇年創建）と水源寺が創建されました。僧侶の謙益がインドから帰って律宗を創始しました。そのほか武寧王陵から出土した墓誌石の記述から殉葬の内容が見られたことから儒教の影響が、墓誌石の邪鬼などを追い払う瑠璃童子像の存在などから銅鏡の影響が確認できます。また「梁官瓦為師矣」在銘片から、瓦作りにおいても南鐐の瓦を手本にしていたことがわかります。

武寧王コーナーでは塼積みでアーチ型の陵墓の入口をイメージしたモニュメントがあり、その内部に武寧王墓が再現されています。一九七一年武寧王陵の調査が行われ、一〇八件四六〇〇点の遺物が出土しました。王と王妃の墓誌が刻まれた二枚の石板の「誌石」があります。この後ろには南向きの石像守護動物（鎮墓獣）が御陵を守るかのように置かれています。王と王妃の遺体は木棺内に安置され、その破片の下からは金銅冠飾り、金銀の腰帯、金銅製腕輪など王と王妃が使っていた多くの装飾品と副葬品が見つかりました。王の腰の周辺からは王の権威の象徴でもある龍と鳳凰で飾られた太刀が見つかりました、また王と王妃の頭を支えていた枕と脚を支えた足座は木棺の前に置かれていました。他に王への副葬品として青銅鏡二面、金製簪などがあり、王妃への副葬品は青銅鏡一面、熨斗（現代風に言えばアイロン）、銅托銀盤、金製耳飾りなどがあります。

武寧王展示室

武寧王の棺

「梁官瓦為師矣」在銘片

武寧王陵出土の墓誌

武寧王陵出土鎮墓獣の展示

銅托銀盤

鶏龍山神願寺銅印

馬形帯鉤

忠清南道の歴史文化室では癸酉銘千仏碑があります。これは、統一新羅時代のもので国宝第一〇八号に指定されています。さらに中世・近世文化コーナーでは鶏龍山神願寺銅印が高麗時代の優品として展示されており、見逃せません。

癸酉銘千仏碑

✤公山城《コンサンソン》（忠清南道公州市熊津路２８０（錦城洞））

公山城は忠清南道公州市にある百済の代表的な古代城郭で、現在は史跡として保存、整備されています。

百済の文周王が四七五年に漢江流域の漢城から熊津へと遷都した後、三斤王・東城王・武寧王を経て聖王が五三八年に扶余に都を移すまでの六四年間、熊津時代の都でした。この地はその後も新羅・高麗・朝鮮時代を通じて行政と軍事的要衝地でした。百済時代土城は七三五ｍ、朝鮮時代石積は一九二五ｍ、一周二六六〇ｍと大規模なものです。

城の北側には錦江が流れ、南側に聳える山の稜線上に位置する天然の要害となっています。城の規模は東西約八〇〇ｍ、南北約四〇〇ｍで、稜線や渓谷を包み込むように設計されています。二〇一五年、ドイツで開催されたユネスコ世界遺産委員会において、百済歴史遺跡地区の中でこの公山城と宋山里古墳群の二か所が選定登録されました。

城内には、百済時代の池二ヶ所、高麗時代建立の霊隠寺、朝鮮時代の双樹亭や史跡碑、南門に当たる鎮南楼、北門の光復楼などが残されています。東西両門は、近年復元されました。城内には遊歩道が整備されており、北側をゆったりと流れる錦江を臨みながら、城内に鬱蒼と生える森林を縫うように散策すれば、当時に遡った気分に浸ることができるでしょう。

公山城

✻熊津百済歴史館《ウンジンペクチェヨクサグアン》（忠清南道公州市熊津洞）

二〇一三年に熊津百済時代の遺跡や歴史について解説する施設として開館しました。パネルや写真による解説が主で、実物展示などは少ないのですが、年表や関連遺跡の写真、イラストなどはとてもわかりやすくなっています。年表では文周王、三斤王、東城王、武寧王、聖王の熊津時代の王の事績が示されています。

「熊津」のいわれについては次のような話が伝えられています。昔。この地にメス熊がいました。ある時里で人間の男を拉致し、二人の子供を授かりました。幸せに暮らしていたのですが、突然男が姿をくらまします。熊の親子はその行方を探しましたが見つからず、ついに川に子供ともども身を投げて亡くなってしまいます。まもなく川が荒れ始め洪水などが頻発します。困り果てた里人は熊の親子を祀る祠を川沿いに建てて供養したところ、ようやく川は昔のような穏やかな流れに戻りました。

ところで熊津遷都初期の混乱を収束させ、中興の土台を築いたのは武寧王でした。王は中国梁から寧東大将軍という爵号を授けられています。武寧王の業績が中国でも認められていたということを示しています。なお出口付近にはタルと呼ばれる仮面の展示が見られました。なおこの歴史館からすぐの場所に宋山里古墳群、武寧王陵があります。

熊津百済歴史館

仮面の展示

✿宋山里古墳群《ソンサンリコブングン》（忠清南道公州市金城洞宋山里山5）

忠清南道公州市宋山里にある百済時代の古墳群で、一九六三年に史跡第一三号として指定されており、現在一～七号墳が復元・整備されています。

宋山里古墳は、公州市の西方約一㎞にあり、古くから一帯は宋山所と呼ばれてきました。古墳群は東南に向かう標高七五ｍ程度の丘陵稜線上に築かれています。これら古墳群の中では、塼築古墳である七号墳が武寧王の陵であることが良く広く知られています。

二〇一五年に開催された第三九次ユネスコ世界遺産委員会で、百済歴史遺跡地区として選定された八か所の遺跡の一つに宋山里古墳群が含まれています。忠清圏で最初の世界遺産登録となりました。

調査が行われた一～五号墳は石室墳、六号墳は塼室墳の構造で壁画が描かれていました。

宋山里古墳群を一際有名にした古墳が武寧王陵です。武寧王陵は一九七一年に発掘調査が行われました。この発掘調査によって「寧東大将軍百済斯麻王、年六十二歳、癸卯年（五二三年）五月丙戌朔七日壬辰崩到」との記載がある墓誌が出土し、被葬者の名前や生没年が特定されたことで一躍有名になりました。文献資料の少ない時代に、極めて貴重な史料となっています。

この古墳については、王妃を合葬した塼室墳で中に納められていた木棺の材

武寧王陵

宋山里古墳

質が朝鮮半島には自生していないこと、さらに日本の古墳でもよく用いられている高野槙で作られている点も大きな話題となりました。副葬品として、金環の耳飾り、金箔を施した枕・足乗せ、冠飾などの金細工製品、中国南朝から船載した銅鏡、陶磁器など約三〇〇〇点華麗な遺物が出土した点でも特質すべき古墳と言えます。古墳内部は閉鎖され実物を見学することはできませんが、模型展示館で実物の雰囲気を体感できます。

現在、武寧王陵の出土品は国立公州博物館にその大半が収蔵されており、常設展示で見学できます。博物館とは指呼の距離にあり、併せて見学するのがお勧めです。

✻国立扶余博物館《クンニププヨパンムルグアン》

（忠清南道扶余郡扶余邑東南里山61）

忠清南道の扶余は、かつての百済の首都泗沘にあたり、五三八年から六六〇年まで栄えていました。現在の国立扶余博物館は百済時代の遺物二五〇〇〇点を収蔵し、第一展示室「扶余の先史と古代文化」、第二展示室「泗沘百済と百済金銅大香炉」、第三展示室「百済の仏教文化」、第四展示室「寄贈で輝く文化財への愛」、特別展示室、野外展示、子供展示館によって構成されています。

入口を入ると正面中央に扶余石槽が置かれています。この石槽は王宮で蓮華を植えてその花をめでたという伝説が残っています。高さは一五七㎝あり、宝物第一八四号に指定されています。

第二展示室には、多くの百済土器とともに中国梁から輸入した陶磁器など

国立扶余博物館

が多数展示されています。虎子、便器型土器は、扶余軍守里で出土しました。虎子は中国南朝の影響を受けた虎型の男性用便器です。虎が前脚を伸ばして上半身をもたげ、顔を左側に振って口を開いた姿で、手で持ち運びができるように背中に把手がついています。中国古代の記録には皇帝が行幸する際、世話をする下人が虎子を持って従ったという話が伝えられています。百済泗沘期に作られた百済土器は、その機種が多様です。甕・壺・皿・盆といった日常容器以外にも、硯、便器など特殊な用途のため独特な形の土器が作られました。便器型土器は、口が広く両側に把手がついたもので、男性用便器である虎子とは違い、女性が主に用いたものと推定されています。他の場所からは発見されていないことから、泗沘都城の限られた人たちが用いた容器であると考えられます。

第二展示室の百済金銅大香炉は、一九九三年の扶餘陵山里寺跡発掘調査中に出土した見事なもので、高さ六一・八㎝、重量一一・八五㎏の大作で国宝第二八七号に指定されています。この香炉は神仙たちが暮らしている神山を表現した博山炉の伝説を継承しながら百済的な要素が加味された最高の傑作です。香炉に止まっている一羽の鳳凰が表現されています。龍が頭をもたげて口で本体の下部をくわえた台座部分、連弁で装飾された身、さらに連なる山並のような形の蓋からなり、ちなみに国立扶余博物館で配布されているパンフレットの片面はこの香炉のカラー写真で占められています。

金銅大香炉展示室には興味ある出土品が多く展示されています。「昌王」銘石造舎利龕は国宝第二八八号で、一九九五年の発掘調査中に陵山里寺跡の木塔跡心礎石上で出土しました。高さ七四㎝で下半が方形、上半が丸いアーチ型で、武寧王陵の入口を連想させます。石造舎利龕前面に「百済昌王十三季太歳在　丁亥妹・公主供養舎利」という銘文があります。これにより陵山里寺は、威徳王十三年（五六七）に百済王室によって建立された寺であることが明らかになりました。

博物館ロビー

「昌王」銘
石造舎利龕

虎子(左)と
便器型土器(右)

百済金銅大香炉

✽国立扶余こども博物館

国立扶余博物館の建物群の中に子ども向けの装飾が施された建物がありま す。ここは、慶州、金海などにもある子ども専用の博物館です。大人用の施設とは異なり、遊具のような展示物がたくさんあります。大香炉の写真パネルが解説文とともに掲示されています。館内には子どもよりも付き添いの保護者のほうが多いような気がしました。

陶質土器

鬼　板

鎮壇具

国立扶余博物館子供博物館

百済土器

✻定林寺址博物館《チョンリムサジパンムルグァン》（忠清南道扶余郡扶余邑東南里379）

扶余のほぼ中心部に位置する定林寺址には五層石塔が残されており、二〇一五年に世界遺産に登録されました。寺は百済の泗沘遷都とともに建設され、王室の盛衰、興亡を共にしています。中門、塔、金堂、講堂が南北に一直線に立ち並ぶ百済伽藍の代表的なモデルとされています。五層石塔は整った形式美で、洗練された様相を見せています。とくに木造の域を超えて完璧な構造美を確立しており、韓国における石塔の始原様式としての意義が大きく、国宝第九号に指定されています。

一画にある博物館では、出土遺物の展示のみならず、寺の建築風景のジオラマ、日本との交流の歴史など百済仏教に関する様々な展示を見ることができます。

五層石塔と定林寺址博物館

定林寺金堂復元模型

寺の建築風景のジオラマ

✾扶蘇山城《プンサンソン》（忠清南道扶余郡扶余邑雙北里山4）

扶余の街の中心部を北側から東側に街を囲むように南に流れる白馬江（白村江）は、三国時代の百済にとって交通路として非常に重要な河川でした。この川沿いの公州には百済の旧都熊津、そしてこの扶余には新都泗沘があり、川に纏わるたくさんの伝説が伝えられています。

扶蘇山城は市街地の北側、この白馬江に面した川辺に聳える扶蘇山に築かれた古代山城で、一〇五三年に史跡第五号に指定され、保存が図られています。この山城は、当時百済の首都とされた泗沘土城で、王宮守護を目的として遷都前後の時期に築造されたものと見られています。現在、城内には遊歩道が整備され、案内板も完備されており、泗沘門、三忠祠、竪穴建物跡資料館、百花堂、皇蘭寺、落花岩などの遺跡、施設、軍倉址や迎日楼といった建物があり、築城当初の土築城壁が残されている部分も見学できます。

百済陥落の際、百済宮廷女官約三〇〇〇人が扶蘇山の断崖絶壁である落花岩から白馬江に身を投じたと伝えられています。この女官たちの追慕のため六角亭や百花亭が建てられました。

また白馬江をゆっくりと下る遊覧船は、扶蘇山城見学の目玉でもあります。皐蘭寺遊覧船船着場からクドゥレ渡船場までの船旅は、扶蘇山と落花岩を見ながら風光明媚な景色を楽しめます。そして、悲しい伝説の落花岩を見上げられます。終着港のクドゥレ渡船場から市街地までは車で約二〇分で、途中には郷土料理の店が軒を連ねる飲食店街もあり、ここで地元料理の食事をするのも良いでしょう。

扶蘇山城

二〇一五年に開催されたユネスコ世界遺産委員会において、公州・扶余併せて合計八か所の遺跡が百済歴史遺跡地区として選定されました。扶余では官北里遺跡および扶蘇山城、陵山里古墳群、定林寺跡、扶余羅城など四か所が選ばれました。

扶蘇山城の建物

三忠祠

三忠祠の内部

あとがき

初めての韓国訪問は今から四〇年以上前のことでした。慶州仏国寺から伽耶山海印寺など寺院をめぐる旅行であったと記憶しています。博物館は国立慶州博物館に行った程度でした。以来、毎年のように韓国を訪れ、ソウル、釜山、慶州、全州、公州、扶余、光州、羅州、大邱、蔚山、済州ほか主要都市に足を伸ばし、そのつど博物館や遺跡などを訪れるようにしています。しかし新型コロナウィルス感染症が発生し、それが拡がったため、韓国訪問もできなくなってしまいました。最近、ようやく改善の兆しが見えつつあるようですが、……。

本シリーズの韓国編は、当初は「ソウル」から刊行を始め、「釜山・慶州」「済州島」の順で三冊を上梓する計画でした。原稿執筆は平行して進めていましたが、筆者の都合や怠慢から刊行順序が替わってしまいました。「釜山・慶州」「済州島」を刊行し、「ソウル」の編集最終段階に入ったときにコロナ禍に遭遇してしまいました。

コロナ感染状況の推移を見ながら適切な刊行時期を模索してきましたが、ようやく刊行できる状況になりました。取材時期から時間が経っている館もあるため、原稿については内容を再点検しました。日韓両国の関係悪化、コロナの流行など再訪問するのは難しかったため、各館のホームページなどで確認しました。本書の取材については多くの館から好意的に対応して頂きました。

なお本書では、ソウルから訪問しやすい韓国西南部の百済地域の公州、扶余地域を加えました。

本書刊行に際し、共著者の木下亘氏（元橿原考古学研究所付属博物館）には協力を得ました。感謝の意を表したいと思います。

さらに本書の取材に同行していただいた南正人、沖直弥、富加見泰彦（元和歌山県立紀伊風土記丘）、萩野谷正宏（和歌山県立紀伊風土記丘）、西岡健（元大阪大谷大学）、夏原信義（夏原技研）、池田榮史（元琉球大学、現國學院大學）の各氏をはじめご協力いただいた方々、通訳・ドライバーを務めていただいたソンイングンさんに厚く感謝の意を表します。

また毎々御迷惑をおかけしている芙蓉書房出版平澤公裕氏に対し感謝の意を表したいと思います。

二〇二三年一月

中村　浩

【参考文献】

井上秀雄訳注『三国史記』東洋文庫３７２、一九五七年
三品翔栄『三国遺児考証』塙書房、一九九七年
井上秀雄『古代朝鮮』講談社、二〇〇四年
昌徳宮文化財解説チーム『昌徳宮』カルチャーブックス、二〇一三年
水原華城博物館図録『水原華城博物館図録』水原華城博物館、二〇一〇年
『SEOUL MUSEUM GUIDE』seoul metropolitan government, 2018.
『The Collection the National Folk Museum of Korea』Sigon Tech Co.Ltd, 2007.
『The Museum of Medicine』SNUH, 2018.
国立中央博物館『国立中央博物館』国立中央博物館、二〇一〇年
国立中央博物館文化財団『国立中央博物館（常設展示案内）』国立中央博物館、二〇一七年
『ソウル六〇〇年の記録』、ソウル歴史博物館常設展示小図録、ソウル歴史博物館、二〇一六年
許浚博物館『許浚博物館』許浚博物館、二〇〇八年
『水道博物館ツアー』（日本語）seoul metropolitan government
『ソウルの森案内マップ』seoul metropolitan government
『ハニヤン都城―ソウル　六百年を刻む―』ハニヤン都城博物館、二〇一七年
『The Korean Christian Museum at Soongsil University』Soongsil University, 2014.
『国立公州博物館図録』国立公州博物館、一九九一年
国立扶余博物館『国立扶余博物館』国立扶余博物館、二〇一五年
※これらのほか『地球の歩き方　韓国』、『地球の歩き方　ソウル』、「マップル韓国・ソウル・釜山・済州島」のほか各種ガイドブック、各博物館での配布物、掲示パネル、インターネット関連記事などを参照しました。

著　者
中村　浩（なかむら ひろし）
大阪大谷大学名誉教授、和歌山県立紀伊風土記の丘館長
1947年生まれ。同志社大学大学院文学研究科文化史学専攻中途退学。博士（文学）。著書に『和泉陶邑窯の研究』（柏書房、1981年）、『和泉陶邑窯出土須恵器の型式編年』（芙蓉書房出版、2001年）、『須恵器』（ニューサイエンス社、1980年）、『古墳文化の風景』（雄山閣、1988年）などの考古学関係書のほか、2005年から「ぶらりあるき博物館」シリーズを執筆刊行。既刊は、パリ、ウィーン、ロンドン、ミュンヘン、オランダのヨーロッパ編5冊、マレーシア、バンコク、香港・マカオ、シンガポール、台北、マニラ、ベトナム、インドネシア、カンボジア、ミャンマー・ラオス、チェンマイ・アユタヤ、釜山・慶州、済州島、沖縄・奄美、北海道のアジア編15冊。

木下　亘（きのした わたる）
前奈良県立橿原考古学研究所附属博物館副館長
1956年生まれ。國學院大學大学院文学研究科博士課程後期単位取得。主な論文「須恵器から見た北摂地域の物流拠点」『古墳と国家形成期の諸問題　白石太一郎先生傘寿記念論文集』（山川出版社、2019年）、「桜井谷窯跡群における陶棺の生産と流通」『構築と交流の文化史－工楽善通先傘寿記念論集－』（雄山閣、2018年）、「楠見遺跡・楠見式土器の再検討」『研究紀要』第21集（由良大和古代文化研究協会、2017年）

ぶらりあるきソウルの博物館

2023年 2月22日　第１刷発行

著　者
中村《なかむら》　浩《ひろし》・木下《きのした》　亘《わたる》

発行所
㈱芙蓉書房出版
（代表 平澤公裕）
〒113-0033東京都文京区本郷3-3-13
TEL 03-3813-4466　FAX 03-3813-4615
http://www.fuyoshobo.co.jp

印刷・製本／モリモト印刷

Printed in Japan　ISBN978-4-8295-0855-8